世界第一

牛津式教養法

教出有自由個性與關鍵 5 力的孩子

岡田昭人 著　蔡昭儀 譯

The Oxford Method of Child Rearing

推薦序

透過牛津式教養法 了解自己、連結他人、探索世界

凱若

讀到這份書稿時，我們全家正在規劃從德國移居到另一個國家。其中最讓我們頭疼的，就是孩子該選哪一所學校。雖然一家人都熱切地規劃新生活，然而，如果孩子無法找到好學校，身爲母親的我，是絕對無法安心的。

在找尋的過程中，我們參觀許多採行不同教學法的學校：有傳統式強調學業表現和學生未來升學率的正統學院；也有完全不照主流教育規則來走、在臺灣的定義中稱爲「體制外」的學校；也有獨樹一格，用自創的教學法規劃學校生活的校園環境。

幾天參訪下來，我們眼花撩亂，也非常疲憊。

回旅館的路上，我一直在思考：「什麼叫『好學校』？」「什麼才是『教育』中最重要的事？」

閱讀此書時，雖然作者談的是日本與英國牛津式教育之間的差異，但我看到的並不是國家的不同，甚至不是學校之間的不同，而是身爲大人的我們，期待用怎樣的方式，將知識、智慧與世界呈現給我們的下一代。

過去我們認爲，父母要好好擔負教學角色，期待孩子乖乖聽話，接收我們給予的一切，接著用考試與成績來確認孩子「懂了」。這在知識量不大、社會變動較小的環境之下，是非常有效率的教育方式，然而我們也都明白，現今的世界已非如此。

亞洲其實只是廣大地球上的一塊，過去我們只學習了如何與我們相似的人互動，鮮少眞正嘗試明白另一端人的生活與想法，就如他們鮮少了解我們一樣。

但當這世界的諸多問題已經無法用單一國家的政策來解決時，我們局限的思維與溝通方式，也同樣限制了人類迎戰未來變局的能力。

現在，我女兒課堂上所討論的社會議題，我甚至完全沒聽過；她每天在學校互動的對象來自世界各地，來自不同族群、宗教、文化，每個人都得學習更多不同語言，來嘗試與不同的人理解與溝通。而他們也努力以十多歲孩子的角度，來共同找出解決世界問題的方案。

面對未來世界的挑戰，我們的教育與教養，可以提供給孩子什麼樣的環境，培養他們解決問題的能力呢？

當我們看到「一流頂尖大學」時，總會想到一群特別聰明的優等生，從小到大征戰無數，打敗天下無敵手才成爲「頂尖」；事實上，這樣的想法早已過時。所謂「聰明」與「優秀」的定義，也絕非僅限於學術殿堂的成就。

作者在這本書中提到的「牛津式教養法」，目標並不是將孩子教育成「學霸」或「優秀人才」，而是透過教養，讓孩子得以了解自己、觀察身邊人的需求、與任何人能交流對話，甚至站出來成爲領導者，凝聚團隊、完成目標、解決問題。

這無法單靠孩子坐在教室聽講來養成，而是父母要爲孩子營造一個自由思考、反覆嘗試，並且溫暖有愛的環境，給予關注但不限制、協同但不脅迫，讓孩子能像牛津人那樣，「兼具柔軟特質與堅強精神，以自由自在的發想與探究之心，站在新視角看待事物」，協助孩子思考「我能做什麼？」「問題在哪裡？」「該怎麼決定？」書中都有許多精采的分享。

我特別喜歡作者提到「目的志向型」與「好奇心主導型」的差別。

當我們以「達標」當作人生目標時，我們無法允許失敗，我們無法放鬆，樂在其中，甚至，我們很容易就扭曲人與人之間的關係，將所有人視爲競爭對手。

但如果我們是以「探索」做爲人生主題，那麼每一次的失敗，都是一次有意義的經驗，過程就能樂在其中，而身邊所有人都可以是有趣的探索對象！

父母在爲孩子選擇體制或教養方式之前，可以先思考：

我們希望給下一代怎樣的環境？

我們的未來，需要怎樣的成人？

從孩子到成年的過程中，又需要經過什麼樣的培養歷程？

我正處在思考孩子適合什麼教育環境的關鍵時刻，閱讀這本好書備受啓發，也誠摯推薦給各位父母與教育者。

（本文作者爲創業家兼親子教養作家）

前言

教出眞正一流的未來領袖

「世界大學排行第一名——牛津大學」

英國教育雜誌權威《泰晤士高等教育》（*Times Higher Education*，簡稱「THE」）每年公布的「THE世界大學排名」，二〇一六到二〇一七年版本由英國牛津大學榮獲第一名。

牛津大學獨占鰲頭，超越了美國哈佛大學和史丹福大學等超級名校，登上世界第一（編注：到二〇一八年爲止，牛津大學已蟬聯三年世界第一）。

反觀日本的東京大學三九名、京都大學九一名，比同在亞洲地區的新加坡

THE世界大學排名（二〇一六——二〇一七年版本）

排名	大學名	
1	**牛津大學**	**英國**
2	加州理工學院	美國
3	史丹佛大學	美國
4	劍橋大學	英國
5	麻省理工學院	美國
6	哈佛大學	美國
7	普林斯頓大學	美國
8	倫敦帝國學院	英國

排名	大學名	
21	密西根大學	美國
22	多倫多大學	加拿大
23	卡內基美隆大學	美國
24	**新加坡國立大學**	**新加坡**
25	倫敦政治經濟學院	英國
26	華盛頓大學	美國
27	愛丁堡大學	英國
28	卡羅琳學院	瑞典

9	蘇黎士聯邦理工大學	瑞士
10	加州大學柏克萊分校	美國
11	芝加哥大學	美國
12	耶魯大學	美國
13	賓州大學	美國
14	加州大學洛杉磯分校	美國
15	倫敦大學學院	英國
16	哥倫比亞大學	美國
17	約翰霍普金斯大學	美國
18	杜克大學	美國
19	康乃爾大學	美國
20	西北大學	美國

29	**北京大學**	**中國**
30	洛桑聯邦理工大學	瑞士
31	慕尼黑大學	德國
32	紐約大學	美國
33	喬治亞理工學院	美國
34	墨爾本大學	澳洲
35	**清華大學**	**中國**
36	英屬哥倫比亞大學	加拿大
37	伊利諾大學厄巴納・香檳分校	美國
38	倫敦國王學院	英國
39	**東京大學**	**日本**
40	荷語天主教魯汶大學	比利時

國立大學和北京大學排名都要低（編注：同年臺灣排名最高的大學爲國立臺灣大學一九五名）。日本的大學到現在都還無法擠進前十名，照這樣下去，很可能永遠都進不了前十名。

世界大學排名是根據「教育（學習環境）」「教授與學生素質」「創新能力」「研究品質」等指標，綜合評分之後才決定出來的。

那麼，獲得第一名的牛津大學對此有什麼反應呢？

大家都以爲牛津大學師生一定欣喜若狂，沒想到校方相關人員竟說「時代總算是跟上牛津大學的腳步了」。

牛津大學與超菁英校友

牛津大學最初的雛型建立於十二世紀，是英語世界最古老的大學，擁有三十幾個學院。在籍的教授和學生約有兩萬兩千三百人，與同樣位於英國的劍橋大學相比，不論是在傳統、研究、教育、校風等各方面，都可說是極富創造性的最高學府。

來自全世界的一流教授群與學生齊聚一堂，在這裡切磋琢磨，為夢想而努力鑽研學問。

牛津大學在政治、經濟、學問等各種領域都出過許多有名的畢業生。歷屆英國首相中也有柴契爾夫人、布萊爾等好幾任閣揆來自於此。

「經濟學之父」亞當·斯密、哲學家霍布斯等歷史課本裡的知名人物、《魔戒》作者托爾金、《愛麗絲夢遊仙境》的作者卡羅，也都在這所大學營造的學習風氣中留下名著。

還有理論物理學家霍金等世界知名科學家、為緬甸民主奉獻一生的翁山蘇姬等，超過五十位諾貝爾獎得主，多位奧運獎牌得主，都曾在此就讀，真所謂文武雙全的名門大學。

世界知名喜劇演員「豆豆先生」羅溫·艾金森也是在牛津磨練出他的喜劇風格。日本皇太子德仁親王、皇太子妃雅子、秋篠宮文仁親王也都曾到過牛津大學留學。

尊重學生、培育「自由個性」的牛津式教育

牛津大學培育出這麼多偉人，秘訣到底是什麼呢？

我先公布答案，那就是「自由的個性」。

發現每個學生獨特的「個性」、提供教育，讓他們得以發揮最大的潛能，正是牛津大學的使命。

所謂「自由的個性」，就是打破思考或常識的框架，以自由自在的發想與探究之心，站在新視角看待事物，兼具柔軟「特質」與堅強「精神」。

那麼若想要養成「自由的個性」，具體來說究竟有哪些特質呢？

本書將牛津大學十分重視的「自由個性」，分成以下五項特質，一一向讀者介紹。

「洞察力」：發現社會潛藏問題並予以解決的能力。

「溝通力」：能與任何人藉由對話交流意見的能力。

「領導力」：站在前頭領導他人的能力。

「創造力」：孕育創新的能力。

「包容力」：用愛溫和擁抱人群的能力。

讀者也許會以為，養成「自由個性」的這五項特質「一定要遠赴英國牛津大學留學才學得到」，其實不然。

本書將會介紹日常生活中教養孩子的時候，父母如何在學習上多花一點巧思，就可以輕鬆培養孩子牛津人獨有的「自由的個性」。

曾因日式教育而自暴自棄

我先簡單自我介紹。

我現在是東京外國語大學（簡稱「東外大」）綜合國際學研究所教授。東外大除了日籍學生，還有來自世界各地約三十多個國家的留學生，是多種語言與文化齊聚一堂的國際環境。

我負責講授比較教育、國際教育學、跨文化傳播，每天都在開心歡樂的氣氛中度過。「學生人數最多的岡田昭人講座」也讓我在大學裡小有名氣。

老實說，我自己其實不太能融入日本的教育制度，說白一點，過去的我根本是自暴自棄。

從義務教育到大學，我都在日本接受教育。回溯遙遠的記憶，我從國小到高中，考試從來沒得過高分，尤其數學和國語兩個科目最令我頭痛。唯一可取的大概只有體育吧。

大學時代我也是非常普通的學生，每天就是打工或是跟朋友玩到天亮。

這麼無法融入日本教育體系、每天自暴自棄的我，在即將大學畢業的時候，竟然遇到轉機。

當時是日本泡沫經濟的極盛時期，大部分學生都不怕畢業後找不到工作，而我心底深處卻為了「就這樣出社會好嗎？」而極度不安。

「我要活出新的自我。」

我記得我是這樣告訴自己的。

後來我便買了一張單程機票，前往美國留學。這已經是二五年前的事。接觸到美國自由的空氣，與來自不同文化背景的人學習，種種不同於以往的經驗才讓我慢慢體會到「學習」的樂趣。

而我最後落腳的地方，就是英國牛津大學。

牛津大學的特別洗禮

步入二十歲後半的人生階段時，我來到牛津大學教育學研究所攻讀博士。中世紀風景猶存的街道、壯麗的學院校舍、身著黑色長袍的教授和學生，這一切是那麼新鮮，眼前既傳統又莊嚴的氛圍令我傾倒。

先前我提到，牛津式教育的理念是讓每個人的「自由個性」都能開花結果。這樣特別的學習風氣，也就是牛津大學培育學生養成「自由個性」的教育環境，到底是怎麼形成的？

我認為主要有三個特色：

・住校制

進入牛津大學就讀的學生一律住在所屬的學院裡面，大家一起生活、用餐、切磋學業。相信大家都看過電影「哈利波特」，劇中魔法學院師生用餐的場景，就是在牛津大學最著名的建築基督堂學院拍攝。在牛津求學完全就是這種氣氛。

・自由選課

學生除了專業領域的必修科目之外，可以自由選擇自己有興趣的講座。學期初公布的選課表上，講座課程豐富，應有盡有，幾乎每天都有知名學者或企業家的演講，學生可以選擇自己適合的課程學習。

・個別指導

牛津式教育最大的特色就是「個別指導」（Tutorial）。

個別指導是教授和學生一對一（有時一位教授對數名學生）進行對話式的

學習方法。每週舉辦一次，學生必須事先就教授分派的課題，閱讀相關書籍，還要寫報告。

個別指導時，教授會一直丟出問題，態度嚴謹，學生也必須絞盡腦汁回答。如果答辯內容曖昧不明，教授就會回問學生：「So what?」（那又如何呢？）並且要求學生更進一步說明。

我也曾經因爲個別指導吃盡苦頭。雖然先到過美國留學，但是剛進入牛津時，我還是下了一番苦工，才總算跟上獨特的牛津式教育風格。

透過個別指導，我領悟到一個重點。在與教授的激辯中，學生會發現自己思考的盲點，克服之後才能從新的視角重新思考。

日式教育培養不出自由個性

日文的「教育」二字，帶有「教師等居上位者對學習者傳授知識」的意思，但英文的「Education」定義卻是「引導一個人潛藏的天分」。一樣是「教育」，但日本與西方的思維與背景卻截然不同。

我小時候接受的日式教育，就是老師單方面傳授知識給學生。課堂上學生既不會發言，也不會提問，甚至很可能不被允許，學生之間也幾乎不會互相討論、深入探討或交流知識。

現在的教育環境應該有些許改善了，但在日本基本上還是以相同的學習模式爲教學主流。

常有人說，現在社會根本無法預測未來，這是個不透明的時代。如果仍繼續延用過去的知識和技術，是無法解決未來層出不窮的問題的。

從小種下一流種子

本書是以分享我在牛津大學的留學經驗，以及將近二十年在大學的教育實踐，還有兩個孩子（現在分別是國高中生）的教養過程爲出發，希望藉此向大家介紹，如何培養孩子成爲眞正一流未來領導人物的學習習慣與相關技巧，並希望家長都能進一步思考，什麼是眞正的一流、什麼是眞正的聰明、什麼是眞正的自信、什麼是提升學力的眞能力。

我在牛津大學的同學現在也已經五十幾歲，都有過教養孩子的經驗，我也會在書中分享朋友的經驗和方法。

牛津大學重視的「自由個性」，包含五項養成要素，分別是「洞察力」「溝通力」「領導力」「創造力」「包容力」，本書也分成五個部分一一解說。每一部的內容都包含教育學、兒童心理學、溝通與傳播學等最新理論，以及偉人的經驗談、我在牛津大學求學的軼聞趣事等，內容相當豐富，讀者可以從任一章節開始讀起。

覺得自己「已經有溝通力」的讀者，也不妨以確認的心情，讀一讀講述「溝通力」的章節，也許會發現自己不足或沒想到的要素，當然也可以重點式閱讀。

先前我曾出版《未來你是誰：牛津大學的六堂領導課》，以「牛津式教育」爲中心，歸納青年人才養成的要點。歡迎讀者配合這本教養書一起閱讀，希望能幫助你理解牛津的教育特色。

本書內容主要針對希望培養自己的孩子成爲未來「一流領袖人物」的父母、或是即將有孩子的讀者、計畫出國留學的年輕世代，以及關心日本教育議題的讀者等。

接下來，就讓我們一起打開牛津大學的大門。希望本書介紹的「牛津式教養法」能帶給大家一點啓發。

岡田昭人

目次

第2部

COMMUNICATION

牛津式「溝通力」教養法

第3部

LEADERSHIP

牛津式「領導力」教養法

第4部

CREATIVITY

牛津式「創造力」教養法

第 5 部
TOLERANCE
牛津式「包容力」教養法

PROBLEM
DISCOVERY

OXFORD

第一部 牛津式「洞察力」教養法

1

從打造自己的「擂臺」學洞察

不跟別人比，只跟自己比

牛津大學非常著重發展學生「自由的個性」，本部將解說其養成特質之一「洞察力」。

英國社會學家多爾（Ronald Philip Dore）曾在其著作中探討亞洲教育與社會結構的現象，他提到，比起歐美先進國家，日、韓等亞洲國家社會普遍對「學歷」非常重視。

日本的孩子從年幼時就面臨各種考試，大人總是期待他們的成績能夠贏過別人，即使只有一點點也好，因此孩子從童年生活開始就承受很大的壓力。

一個人如果隨時都在跟別人競爭，等於是暗示自己「沒有對手就不用努力、也提不起勁」，也就失去了深入探究自我能力的機會。

能夠不在乎旁人、埋頭專注做一件事，就是對自己的內心深處傳遞一個訊息：學習是快樂的，就算遇到困難，也能很快想出別的方法繼續挑戰。

「自信」真正的意義

牛津大學的學生不在乎與別人競爭的勝敗，比起失敗或成功的結果論，他們更重視的是「贏過自己而不是別人」。

當然，他們有時也會以成績來觀察自己與別人的程度差異，但並不是像日本人那樣直接用成績或學力來評斷一個人的能力，也不會企圖以此分出優劣。他們接受的教育是培養冷靜思考如何自我磨練、未來又該如何發展的能力。

他們都知道一個簡單的道理，那就是只靠競爭贏過別人才能產生自信的人，其實根本不懂「自信」眞正的意義。

換句話說，一個人會對自己充滿自信，並不是因爲贏過對手，而是因爲「在過去與現在的自己之間看到了成長」。

然而，日本的孩子只會在入學考試或才藝課這些「別人（或家長）」安排的「競技場」上競爭，而不懂得爲自己打造「擂臺」。

其實讓孩子最痛苦的並不是在競爭中敗退，而是感覺「可能會輸」的不安與恐懼。

多爾曾經與經濟合作暨發展組織（OECD）的教育考察團到日本參訪，他直言，日本的教育制度過於偏重考試競爭與學歷，並提出改善建言。

如果我們有「自己的擂臺」，競爭的對象是自己，就不會產生無謂的恐懼，並養成任何事都可以隨著自己的步調進行的習慣。

知名花式滑冰選手淺田眞央，曾經在奧運及世界盃留下輝煌成績。她這麼說過：「我早上起床後就滑冰，吃完飯後滑冰，睡醒後滑冰……我的生活一直就是這樣。我有時候會一心不二，朝著目標努力，就只是按部就班、盡力而爲，突破各種瓶頸。」

她還說：「我現在覺得『一如往常』是很重要的一句話。」這正反映出她在自己的「擂臺」上努力不懈，最後才得以達到這樣的境界。

唯有打造自己的「擂臺」，在那裡「與自己一較高下」，才能學到面對困難、從容應對的處事態度。

孩子若能趁早找到能夠發揮所長的「擂臺」，就能好好應付人生中難以避免的苦惱。

讓孩子找到自己的「擂臺」

那麼，父母該如何找到並打造可以讓孩子發揮實力、比他人更占優勢、「屬於自己的擂臺」呢？

你可以花一個星期的時間，每天跟孩子聊聊曾經埋頭做過什麼事、當時的狀況又如何。每一次大約花十五分鐘的時間，傾聽孩子訴說經驗、心裡的想法或當時的感覺，並且把這些內容寫在筆記本上。

等過一段時間，再回頭跟孩子討論當時的體驗，與現在的自己比較看看，有什麼不一樣的成長與斬獲。

父母若是能常與孩子親近傾聽他們的興趣或感覺，也比較容易看出孩子想做什麼、未來可能適合從事什麼工作。

讓孩子養成「和自己比較」的習慣，在自己擅長的「擂臺」上努力不懈，就能找出自己與別人競爭時的優勢，思索適合自己的戰略或競爭模式。

唯有幫助孩子找到能夠發揮個人最大實力的領域、學會有意義的競爭模式，才能長保自信。

2

從遊戲學洞察

從小玩出大能力

孩子可以在「遊戲」中學會各種能力。

相信大家小時候都玩過文字接龍、比手畫腳、辦家家酒、鬼抓人等遊戲。孩子藉著這些尋常的遊戲，自然而然學會了與人溝通的社交能力，同時還能鍛鍊體力，更可以激發創造力。

但隨著年齡增長，人們對「遊戲」的態度卻漸漸變得消極。

我常聽到許多父母訓斥孩子「不要一直玩，多讀點書」，這說明了大人普遍認爲遊戲會耽誤孩子學業。但其實小孩玩遊戲，就跟大人上班、學生上學一樣天經地義。

過去不像現在有電玩，孩子反而有許多機會思考自己要玩什麼、怎麼玩。春天到了，想做草笛來玩，一邊尋找材料，一邊想著該用葉子還是用梗；夏天到了，在河川或游泳池戲水，可以玩站在游泳圈上的平衡遊戲，比比看誰站得久，必須失敗過幾次，才能學會保持平衡，比別人多站一秒鐘。

這種在孩童時期藉著遊戲學會的基本能力，統稱爲「智能體力」。日後進入社會時，凡事都需要這種「智能體力」做爲思考和行動的基礎。

記憶中，我也曾經自己發明遊戲，還會給遊戲命名。

我記得有一次，當我和朋友都覺得躲避球已經玩到沒意思的時候，就合力想出了一個全新的球類遊戲。

新遊戲的規則很簡單，一個人先將球高高向上拋，然後在下一個孩子接到球之前拍手。第一個拍一下，第二個拍兩下，每多拋一個球，就多拍一下手。要比誰能在接球之前拍最多下，誰就贏了。

孩子當然都想贏，隨著拍手的次數越多，大家就越認眞比賽。

我們把這個新遊戲命名爲「拍拍球」。現在回想起來，這個遊戲可以訓練瞬間爆發力和判斷力，而比賽的形式，也讓我們學會制定與遵守規則的重要性。

思考新遊戲玩什麼、怎麼玩，其實是在增進我們的「智能體力」，這就是洞察問題、解決問題與創造能力的來源。而這樣的能力必須從小培養，長大後才會激發出旺盛的知識好奇心和付諸行動的進取心。

英式橄欖球的誕生全因為「玩心」

英式橄欖球運動（Rugby）起源於英國一所有名的拉格比學校（Rugby School）。某天一個名爲艾利斯的學生在足球賽進行時，突然抱著球衝向對方球門。

手碰到球就犯規可說是足球賽的鐵則，而艾利斯的行動卻完全顛覆這個規則，這當然令所有人大吃一驚。但想不到這意外之舉，到了後來竟衍生成爲一種新運動，到現在甚至還成了公認的英國紳士運動。

如果不是艾利斯一時興起的「玩心」，也就是他的「智能體力」，現在也就沒有英式橄欖球這項運動了吧。

牛津大學有許多來自拉格比學校這種公學的學生，也就是有許多「艾利斯」齊聚一堂，他們在研究或工作上，常有令人意想不到的創意和創新之舉。

事實上，牛津大學和劍橋大學都是眾所皆知的英式橄欖球強校，每年舉辦的校際對抗賽，足以令英國全體國民陷入瘋狂。這兩所大學不只在學問上，體育方面也是彼此的良性競爭對手。

父母一起重拾童心

孩童時期的遊戲也會影響孩子進入小學以後的學習。

換句話說，有了「智能體力」做爲基礎，孩子可以發現更多新事物，拓展及加深他們對事物的理解，讓洞察力與獨創性開花結果。

那麼我們該怎麼做，才能讓孩子習得「智能體力」呢？

我的建議是，父母在家裡可以試著跟孩子一起製作「遊戲配方」。遊戲有的只用到身體，有的則要運用材料。當然還有市售的現成玩具，而家裡也有廣告傳單、毛巾、杯子或免洗筷等消耗品可以多加利用。

材料可以限定一種，但有時候混搭使用，像是將積木和黏土混在一起玩，更能激發創造力，孩子會依興趣發現各種新的收穫。

比方說，用黏土和免洗筷做成自己設計的房子或造型，光是這樣就足以讓孩子興奮莫名。隨著年齡增長，孩子也學會在各種遊戲的組合當中，創造更多新的事物。

家長和孩子一起思考遊戲時，要記得配合孩子的發展和興趣，發揮巧思，讓遊戲變得更有趣。如果孩子想要躲進衣櫥，就給他一個手電筒，讓他可以假裝在裡頭露營。

每個家庭都發揮巧思，啓發孩子的興趣，遊戲就能增添好幾倍花樣。

就從父母開始做起，自己先重拾童心，陪孩子一起遊戲。相信你會爲孩子獨特的創意大受感動，從孩子身上學到更多。

3 從提問學洞察

多問「So What?」（那又如何呢？）

「這是什麼花？」

「今天晚餐吃什麼？」

小小孩最愛問「什麼」了。

「那是蒲公英喔」「今天吃咖哩飯」，這些簡單答案都是孩子聽得懂的。

接下來，隨著年齡增長，孩子學會更多辭彙，再來就會開始問「爲什麼」。

孩子說出「什麼」這個疑問詞，是爲了知道實際存在的事物名稱，而「爲什麼」則是對那件事物之所以成爲那樣的理由或原因感興趣，也就是更進一步的提問。

孩子出生後的六個月，主要是培養「感覺」的時期；接著一直到三歲，成長會以「行動」爲主；之後到了六歲的階段，則開始進入「自行思考，發展能力或技能」的時期。

孩子在這個階段對事物的起因和結果充滿好奇，心理學上稱爲「質問期」。這證明孩子已經萌發興趣與探究之心，家長應該要爲此感到高興。

經過這三個階段，孩子大腦中的思考迴路也就大致成型了。孩子會發展出依自我意志與目的採取行動的能力，接著學會判斷周遭情況，找出關鍵，如果察覺到哪裡有問題，就能夠想辦法處理。

孩子憑著出生到現在的感覺和經驗，提出「爲什麼」「怎麼了」這些疑問，養成自主思考理由和原因的習慣，對日後思考力和觀察力的發展有很大的幫助。

我認爲日本的學校教育並沒有很重視孩子的「爲什麼」，在教孩子發現問題並養成解決問題的能力上，一直都是失敗的。反覆背誦歷史年表或是單純的計算練習，根本無法培養這種能力。

就算進了大學，光是聽教授上課、勤做筆記，年輕人怎麼會有機會學到這種能力。

問出孩子的思考力

我在前言中已介紹過，英國的超級名門牛津大學和劍橋大學，都設有「個別指導」這門特別的課。

「個別指導」是指導教授與學生一對一（或是一位教授對數名學生），每週針對特定課題進行討論的學習方法。不同於一般只有教授在課堂上一直講述，而是以對話形式進行，學生不能翹課，也不能偷懶。這對學生來說是很大的壓力。

在個別指導中，教授對學生的想法或意見會一直投以「So What?（那又如何呢？）」的疑問。

在反覆的問答攻防之間，學生會漸漸發覺自己思考中的謬誤，或是理論不夠明確的問題，進而鍛鍊思考力，並且從一個又一個的「爲什麼」當中，萌生出獨有的創意或重大發現。

別怕被孩子問倒

近代科學之父牛頓看著樹上掉下的蘋果，心中產生疑問：「蘋果會掉下來，爲什麼月亮不會掉下來？」後來便發現了顛覆過去科學常識的萬有引力。

對孩子來說，周遭充滿著不可思議的事物。家長被孩子問「爲什麼」的時候，請盡可能回答他們。

但是你一定也有被孩子問倒的經驗吧。這時候家長應該要怎麼做呢？

知名的日本教育學者汐見稔幸說，不妨給孩子一個可以聯想「奇幻世界」

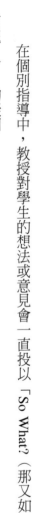

的答案吧。

比如說，孩子問「爲什麼會下雨」。

「剛剛我看地上的草都一副無精打采的樣子，一定是最近沒下雨，水分不夠的關係。會不會是天上的神明知道了，便趕緊下一場雨，好讓它們多喝點水呢？」

有時候孩子的問題太難，說實在的，家長也不太清楚。若能從科學的角度來說明當然是最理想的，但是包含我在內的大多數家長，眞的沒辦法正確的回答孩子的所有問題。

這時候就應該要清楚告訴孩子「我不知道！」，然後「我們一起查查看！」，這樣的態度是很重要的。

帶著孩子一起打開解謎世界的大門，你可能會發現，我們大人早已不知不覺把這些疑問當成理所當然的了。

如果孩子開始問「爲什麼」，那就表示他已經踏上學問與科學世界的知識旅程了。

從整理學洞察 4

整理環境提升學習效率

孩子玩完遊戲的房間，是不是總是亂七八糟的？

而你也總是忍不住放大聲量：「給我收拾乾淨！」

「東西用完就放回原來的地方」「身邊的東西收拾整齊」這些習慣，年幼的孩子往往難以養成。

會整理的孩子會解決問題

一個人自主思考、解決問題的能力，換個說法，其實就是整理的課題。趁著幼兒時期培養整理習慣，至關重要。

能夠打理自己生活的孩子，做任何事都會按部就班，也會珍惜物品。他們藉著整理來運用巧思，思考解決方法，獲得決斷力。

根據牛津大學教育學教授發表的許多研究顯示，孩子將來「提升學力」的基礎，就是「友善的學習環境」。

日本的文部科學省（編注：相當於臺灣的教育部）在二〇一四年向全國實施「學力與學習狀況調查」，建議國民打造孩子可以在家裡專注學習的環境。

從這項調查當中，我們知道課本和筆記本應該要擺放在桌上方便拿取的位置，鉛筆要削好，抽屜要整潔有序。這些整理的基本工是讓孩子發揮原有能力的三大要素，能夠幫助他們提升專注力、強化記憶力的穩定度，並學習有效利用時間。

相反的，房間和書桌如果經常處在亂七八糟的狀態，空間只會變得更狹小，工作起來也礙手礙腳。

還有，東西太多，當視線捕捉到各種資訊進入大腦，只會無端增加孩子的壓力，結果造成專注力低落，影響學習。

思緒太亂的人，房間也會亂七八糟，這一點在腦科學領域已有研究實證。

把周遭的環境整理好，可以減輕精神負擔，提升學習效果。幫助孩子智能向上發展的學習環境，就從親子一起養成整理的好習慣開始。

洞悉孩子不愛整理的原因

讓我們再思考一下，爲什麼孩子不愛整理呢？

我認爲有兩個理由。一是他們覺得「整理」這個工作很麻煩（或者是討厭）。遇到這種情況，家長可以帶著孩子像玩遊戲一樣，把整理變成一件開心的事。

家長先示範，讓孩子知道珍惜事物的「心」。

孩子還小的時候，聽不懂大道理，無法理解爲什麼需要整理。但是當他們看到父母經常做的事，就會喜歡模仿。

孩子玩完的玩具，由家長親身示範，每次都收拾到相同的地方，如果有什麼東西不見了，他們會馬上發現。這樣就能培養愛惜東西的觀念。

決定一首收拾的時候唱的主題曲，跟孩子一起邊唱邊整理，也是一個不錯的方法。

第二個理由是，遊戲的房間已經變得很難收拾。如果你家的情況正是如此，那麼就配合孩子的成長，打造容易整理的環境吧。

整理有以下三個基本原則：

① 不需要的東西就捨去

隨著年齡增長，覺得已經用不到的玩具、書本，就索性捨去，騰出空間留給新的東西。

②分類收納

書本、玩具、雜貨、衣服等要分門別類，光是將這些東西放到各自收納的地方，也有很大的效果。

③要用的東西集中在一個地方

玩具或學校用品等經常或定期會用到的東西，或是重要的物品，就收拾到一個固定的地方。這時①所騰出的空間正好可以派上用場。

持續這麼做，孩子們自然就學會整理。重要的是消除孩子心中「整理＝麻煩」的觀念。

我在牛津大學第一次進到指導教授的研究室時，大吃一驚。房間兩側的牆壁是直達天花板的書櫃，一組古老的大型木製桌椅，還有一些骨董，一切都整理得井井有條。我心裡因此不斷湧現學習的慾望。「做學問就是要在這樣的空間啊！」

趁著帶孩子收拾整理的機會，家長也一起重新檢視整理環境的習慣，思考一下「自己用過的東西有沒有收拾整理好」。同在一個屋簷下，如果大人總是亂七八糟，小孩自然就會認爲「這樣亂七八糟的也沒關係」。

平常養成隨時整理收拾的好習慣，將來孩子就會自己打理良好的學習環境，從這些過程中得到發現問題、解決問題的洞察能力，這樣的好處絕非考試分數所能衡量，孩子能獲得的是出社會之後必備的眞能力。

5 從閱讀學洞察

尋找書中寶藏

大家在家裡會爲孩子讀多少繪本呢？

一個大人的閱讀力，其實和孩童時期聽家長讀過多少繪本有關。還有多種研究發現，親子共讀也會直接影響孩子在學校的成績。

經濟合作暨發展組織每隔三年會實施「國際學生能力評估計畫」（PISA）。

PISA是從「閱讀力」「數學素養」「科學素養」這三個領域，針對

OECD 會員國（35 國）PISA 評比

（數據：2015 年）

科學素養	平均得分	閱讀力	平均得分	數學素養	平均得分
日本	538	加拿大	527	**日本**	532
愛沙尼亞	534	芬蘭	526	韓國	524
芬蘭	531	愛爾蘭	521	瑞士	521
加拿大	528	愛沙尼亞	519	愛沙尼亞	520
韓國	516	韓國	517	加拿大	516
紐西蘭	513	**日本**	516	荷蘭	512
斯洛維尼亞	513	挪威	513	丹麥	511
澳洲	510	紐西蘭	509	芬蘭	511
英國	509	德國	509	斯洛維尼亞	510
德國	509	波蘭	506	比利時	507
荷蘭	509	斯洛維尼亞	505	德國	506
瑞士	506	荷蘭	503	波蘭	504
愛爾蘭	503	澳洲	503	愛爾蘭	504
比利時	502	瑞典	500	挪威	502
丹麥	502	丹麥	500	澳洲	497
OECD **平均** 493		OECD **平均** 493		OECD **平均** 490	

編注：臺灣「科學素養」平均得分532，「閱讀力」497，「數學素養」542。

十五歲青少年進行評估。日本在「閱讀力」項目的表現有逐年下滑的傾向。

根據二〇一五年的調查顯示，相對於「科學素養」與「數學素養」都是第一名的表現，「閱讀力」卻只達到第六名。

圖書館比便利商店還多的芬蘭

PISA對青少年能力所做的評比涵蓋了國、數、理等學科培養的能力，具體來說，就是解決問題、批判性思考、溝通能力等，另外也針對孩童的「自信」程度進行調查。

先前提到的芬蘭是最注重閱讀、閱讀量也最大的國家，「興趣是閱讀」的孩子比例非常高，在家裡的閱讀時間也比其他國家都長。芬蘭的圖書館數非常充足，國民的書籍借閱量平均一年有二一冊。圖書館（包含分館）的數量比便利商店還多。

芬蘭的孩子因此能夠在PISA評比的閱讀力項目得到高名次，而其背後的主要原因，就是他們對於將來必須能在經濟上獨立，並活得有自信有所自覺。

閱讀能力就是生存能力，書本中的知識會刺激我們的好奇心，也帶動學習意願，讓我們得到洞察問題、解決問題的金鑰。

愛上閱讀，就會像芬蘭人一樣從書中得到自己開創人生的「寶藏」。

日常生活從未有過的體驗

接下來，我要介紹我們家的故事。二〇一五年十月，我得到一個英國倫敦大學客座教授的研究機會。夏目漱石也曾經來到這所名校留學。

家人和我一起到倫敦，兩個女兒分別上當地的公立學校。學校裡有來自世界各地的孩子。看到女兒們的學習經驗，我深深感到日本的學童實在應該要多學習自己思考、與他人共享經驗，以及對事物的多方觀察。

有一次，我參加小學六年級的教學觀摩。老師正在跟班上的學生講述「閱讀」的重要性。

老師說：「大家看書，很容易只注意書中的人物或狀況與自己的想法或生活環境貼近的部分，但這樣閱讀，是無法發現新事物或產生新創意的。」

那麼，我們該如何「閱讀」呢？

老師接著說：「閱讀最重要的，是得到前所未有的經驗和感受！這樣才能帶動思考和共鳴。請家長和孩子一起探索書本裡的寶藏。」

老師向全班同學和家長傳達這樣的閱讀理念。

書裡有孩子平常不會用的語詞和表達方式，還有超越現實世界的情節，隨處都是增長詞彙與想像力的機會。

平時大人和小孩生活在不同的世界，透過親子共讀，就可以超越世代，共享同一個空間或感受。

每天安排一點時間親子共讀，或是聆聽孩子朗讀故事。

父母樂於親子共讀，孩子自然也想要自己閱讀，還會爲此努力學習認字。

有了認字的愉快經驗，就懂得自己閱讀的樂趣。

升上小學之後，喜歡閱讀的孩子和對書完全沒興趣的孩子，區別會越來越明顯。雖說孩子本身的個性也有關係，但家長帶領閱讀的用心，能爲孩子帶來極大的影響力。

小學階段仍是孩子很享受親子共讀的時期，選擇孩子喜歡的書，陪他們共讀，幫助他們得到探索書中寶藏的能力。

6

從跳脫好壞二分法學洞察

發現負面認知隱含的正面意涵

大家看到一個裝著半杯水的杯子，會覺爲「只有半杯」還是「還有半杯」呢？

這是一個很經典的例子，前者代表的是「負面思考」（凡事都抱以否定態度），而後者則代表「正面思考」（肯定一切）。

從心理學角度來看，人對於事物「多／少」或「簡單／困難」的判斷順序是「感覺（感覺到了）→知覺（大腦感知到了）→認知（做出判斷）」。

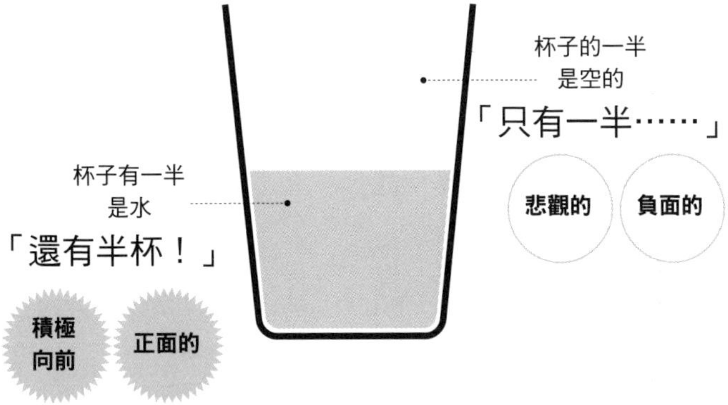
杯子的一半
是空的
「只有一半……」
悲觀的
負面的
杯子有一半
是水
「還有半杯！」
積極
向前
正面的

所謂「認知」，就是自己過去的經驗或平常的價值觀所形成的「心理態度」。每個人依照各自的「心理態度」來看事情，對事物的見地自然也會有所不同。

負面認知也能創造龐大商機

我相信許多家長都希望孩子擁有「正面積極的態度」。

關於這一點，這就要從平時觀察孩子對事物的見地，了解他們的「心理態度」，才知道該如何培養。

就讓我們進一步來思考。世上的事物並非都能用「多／少」這樣的「二元對立」的角度來看待，應該要思考還能夠發現什麼、有沒有創造新事物的可能。

再回頭來看半杯水的例子，美國知名企管學家、管理研究權威彼得．杜拉克曾經這麼說：

「還有半杯」和「只有半杯」，其實量完全一樣。但是，兩者的意義卻大不相同，採取的行動也不同。當世人的認知從「還有半杯」轉變爲「只有半杯」時，就是創新者的機會了。

杜拉克進一步說明，過去數年，美國人的健康狀態明明越來越好（還有半杯），但多數人卻因爲不想變得不健康（只有半杯），這樣的認知差異讓健康雜誌和健康食品公司有機可乘，業績急速成長，意外創造了龐大的商機。

不一樣的半杯水新思維

我在大學上課時，也會跟學生說明「半杯水」的例子。但我不僅告訴學生，一個人怎麼看杯裡的水，取決於他的思考是正向或是負面，我會更進一步與他們延伸討論。

我問學生：「爲什麼一定要在這兩個選項中做選擇？」

杯裡的水「只有一半」，或是「還有一半」，「只有」與「還有」的說法對事物狀態的描述都不客觀（只形容樣貌），而是主觀（自己這麼認爲）看待。每個人的感知都不一樣，因此我們不只要關注在這兩個選項，還要思考「怎麼辦」。

換句話說，我讓學生藉此發現一些問題，引導他們創造新思維。我認爲這正是杜拉克想要表達的眞諦。

杯裡的水「還有一半」，或是「只剩一半」，不管我們怎麼想，都只是對「半杯水」這個事實的感覺而已。重要的是認知之後要採取什麼行動。

比如說，孩子「沒考上學校」「賽跑最後一名」，這些是「不好（丟臉）」的事嗎？

以長遠的眼光來看，坦然接受這次的經驗，但不要因此而止步，把它當成邁向下一個目標的「養分」，那麼這次的經驗就是「成功之母」。

人生在世，不是只有「好」與「壞」，還有許多不能用二分法來理解的事，每天都在發生。

我們應該慢慢傳達給孩子，讓他們理解這樣的觀念，即使有些事因每個人的認知和看法不同，或許你覺得「可憐」的事，只要有心，還是有可能變成「美好」的事。

7

從反省學洞察

做錯事就暫停

「打翻杯子，果汁灑了一地。」

「不小心打到同學，害他哭了。」

當孩子闖了禍，家長通常讓他們反省、道歉完就了事，但有時孩子可能會反駁「不是我的錯！」，不一定會乖乖聽從父母。

明明是自己的失敗或過錯卻愛推諉責任，是孩子的通病。無論是不是自己不對，他們都會爲自己找藉口。

爲什麼孩子喜歡找藉口？

根據兒童心理學的見解，**孩子抗拒反省的最根本原因，其實是害怕失去「關愛」。「希望被父母關愛」「不想被別人討厭」的心理，讓孩子為逃避責任而說出藉口。**

所以父母首先要態度溫和，告訴他們：「其實你可以好好反省，不需要找藉口。」讓孩子知道父母愛他，但同時要表明態度，爲孩子營造能夠安心反省的氛圍。

不過，孩子經常是再怎麼提醒，也不肯乖乖聽話。如果已經爲同一件事提醒了好幾次，我們就必須思考下一步該怎麼做。

幫助孩子喊停反省

我曾經聽一位專攻兒童心理學的美籍研究夥伴提到「暫停」這個概念。

「暫停」（Time out），也就是稍微休息片刻的意思。在孩子犯錯之後，讓孩子「暫停」，自己反省幾分鐘，是非常簡單易行的好方法。

孩子闖了禍，父母訓斥也不肯反省時，可以讓孩子暫時「坐在房間的角落」或「帶到沒有人的地方」，在特定的空間獨處幾分鐘。

讓孩子獨處的時間大概以「年齡×一分鐘」爲適當範圍，三歲就是三分鐘，四歲就四分鐘。奇妙的是，孩子都能乖乖待著。

時間到了以後，我們再走近孩子，好好跟他談談爲什麼會有這個「暫停」時間，教他要反省。如果孩子乖乖反省了，家長也要適度稱讚他，讓他感受到父母的關愛。

相信大家都知道日本動畫大師宮崎駿導演，以及他與吉卜力工作室創作的《龍貓》、《神隱少女》等風靡世人的知名奇幻作品。動畫中主角的人物設計與故事發展等，是許多工作人員共同合作的結晶。

有一篇訪談報導曾經寫到，就連宮崎駿導演的提案也會被工作人員否決。而每次提案被否決時，導演都會自我反省。

導演花了多少時間「暫停」，與他的作品品質應該是成正比的吧，所以才能製作出那麼多偉大的作品。

自己會喊停的牛津學生

對於自己的失敗與過錯，牛津學生也會抱持眞誠的態度來反省自己。

有一次課堂上的討論過激，一名學生說了傷害對方的發言，他馬上起身表示：「抱歉，我失陪一下，」便走出教室。

後來他返回教室，向那名同學道歉。

這正是「自我暫停」、懂得反省的表現。

我想這名學生應該深知「要爲自己的失敗負責」，與其找藉口怪罪別人，謙虛反省道歉，才能重新站回對話的立場。

最重要的是，孩子有沒有進一步反省的態度。我們必須教他們不推諉責任、誠實反省，不再重蹈覆轍。

父母要告訴孩子，反省是改善自己行爲最好的機會。對別人造成困擾時，要誠心道歉，同時也要反思自己的觀念，讓他們知道這是改變行動、邁向未來的絕佳時機。因此，「暫停」除了反省自己，也可以視為是反求諸己的思考時間。

我們不單只是讓孩子知道不需要找藉口，還要培養他們認眞反省的態度。父母能爲孩子準備培育反省力的最佳土壤，就是優質的「反思時間」。

8
從認識世界學洞察

在孩子房間貼一張世界地圖

最近日本年輕世代因「內向思考」而造成了「與國外脫節」的現象，被視為一大隱憂。

根據日本文部科學省調查報告顯示，日本的海外留學人數比鼎盛時期減少了三〇％，尤其是赴美留學的人數大幅降低。

另一方面，鄰國的中國和韓國年輕人出國留學人數卻持續成長。學者憂心若不能突破現狀，長久下來，日本恐怕再也無法立足於世界。

上大學才開始培養國際觀，為時已晚

日本要與世界各國並駕齊驅，就必須要培育能夠活躍於國際舞臺的「世界人才」。

因此，日本的學校教育每年都將培育年輕世代的能力，像是跨文化溝通與協助解決問題的能力，視爲當務之急。

各項研究皆顯示，及早學習國際事務的孩子，除了可以增長知識，也會有自然而然養成國際觀的效果。

另外，也有研究指出，等到上大學才想要開始培植人才來解決全球規模層級的課題，以及促進多元文化共生的社會，實在是太慢了。

我是在二十歲前半段才第一次出國進修，當時就深深覺得，如果能趁著思考仍富有彈性的十多歲階段就多接觸不同的文化、與外國人交流，一定更容易培養國際觀。

牛津大學有許多來自國外的教授和留學生。我也是其中之一，學生都是從小關心世界，也知道要把握機會積極出國遊歷。

「全世界的大學都必須面對全球化的趨勢，但是牛津大學沒有必要！因爲我們早就全球化了。」所有人都帶著這樣的驕傲來到這裡學習。

我服務的東京外國語大學裡，有許多小時候曾經旅居國外的學生，比其他大學的學生有更豐富的國際經驗。

我課堂裡的大部分學生，在學期間都還會選擇到世界各國去交換留學一年。我常聽學生說著「我下個月要去緬甸」這樣的交換計畫，接著他們就去當地的大學上課或實習一年。

我觀察這些學生，注意到他們的國際觀有幾個共通點，主要是以下三項：

①從小就對外國文化有興趣。

②親朋好友積極推薦出國留學。

③對將來能從事活躍於國際的工作有強烈欲望。

我希望大家關注的是，這些學生和其他大學的學生一樣，都是在日本出生、成長，他們如何從小就對外國文化產生興趣，也就是上述的①。

那麼，孩子的國際觀是如何萌芽？又該怎麼培養？以下我將介紹一些培養國際觀的入門方法，非常簡單，每個人都做得到。

讓孩子意識到「世界」的第一步

小孩子其實分不太清楚「國家」和「世界」，所以家長必須讓他們先知道「世界」上有各種「國家」，第一步就是善用世界地圖和國旗。

世界地圖和地球儀很容易買到，目的是用來拓展孩子對世界的初步認識，只是當遊戲來找找看看，也非常有趣又有幫助。

我們家是將世界地圖貼在孩子房間，讓孩子隨時可以查找各個國家和國旗。

還可以玩「國家在哪裡」的問答遊戲。例如問一些孩子感興趣的問題，

「形狀像靴子的義大利在哪裡？」「笑笑羊的英國在哪裡？」等等。

還有，電視新聞報導的國家或地名，也可以帶孩子一起在地圖上找。

美國總統大選的時候，經常能看到各州的名字，從地圖上找出來也很有趣。

看到新聞上的難民議題，我們也可以指出地圖上的位置，告訴孩子「這裡就是某某國家，那些難民就是從這個路徑逃到別的國家」。

最近市面上還有附帶觸控筆的地球儀，點一下，就會播放相關資訊的音頻，據說很受歡迎。

不過，有一點必須注意，不要強迫孩子背地圖，也不必過度說明。

父母應該對孩子發問的「哪裡、什麼、爲什麼」仔細回答，然後再以他們容易理解的方式延伸對話。

9

從破除迷信學洞察

培養不被迷信說法左右的思考習慣

「晚上吹口哨，蛇會跑出來。」

「吃飽飯馬上躺下會變成牛。」

「看到靈車通過時，趕快把大拇指藏起來。」

相信大家小時候都聽過各式各樣的「迷信」。

「迷信」就是沒有科學根據但是「自古廣泛被相信」的知識。

就像「十三號星期五不吉利」一樣，不只日本，世界各國都有很多迷信。

每個家長一定都會用「迷信」教小孩要「聽話」。當小孩不乖，或是做出有違社會常規的行爲時，迷信的確可以起一定的遏阻效果。

但是如果孩子無條件的相信迷信，就容易被非科學的知識左右，停止思考，還可能導致膽小畏縮，所以一定要特別注意。

現在社會上一般人都認爲迷信沒有科學根據，不値得相信。甚至許多人成年之後回想起來，也百思不得其解「當時怎麼會相信那種事」，但是否所有的迷信都眞的不可信呢？

思考迷信背後的社會文化意涵

若我們能這樣想：「有一部分迷信的背景，其實有著深遠的含意。」

從這個角度來想，迷信其實對孩子的思考發展會有一點助益。康乃狄克大學心理學教授威瑟（Stuart Vyse）在其著作《人爲何迷信：臆想的心理學》（*Believing in Magic: The Psychology of Superstition*）中從各種視角分析迷信，也介紹了迷信的效用。

比如說，世界各國的文化都存有迷信的說法，人們從小聽這些說法，思考並了解其形成的背景，這是個人在基本的社會性成長過程中，很重要的一部分。

有時候「迷信」也會運用在醫學療法上。有臨床實驗發現，讓病狀較輕的患者相信「糖水」是藥，服用後症狀眞的會獲得改善。我們稱之爲「安慰劑療法」，是透過心理暗示相信自己吃了藥會痊癒，來使症狀改善。

牛津大學赫特福德學院的校舍之間有一座嘆息橋（Bridge of Sighs），學生之間都口耳相傳，走過這座橋，就能實現願望。

據說，以前的學生做報告或做研究遇到瓶頸時，嘆著氣走過這座橋，就會浮現靈感。

姑且不論眞相爲何，這些傳說倒是眞實反映出大學生活的日常。

不陷入迷信，但理解迷信

不過，牛津眞正的一流菁英可不會陷入迷信。他們並不是一再去質疑傳說的眞僞，而是去理解迷信形成的背景，以客觀的態度視之爲具有人類文化背景的事實。

與其全盤否認迷信，我的建議是，大人不妨把一般人認爲不足採信的迷信，當成訓練孩子發現問題的材料，讓他們去調查原因，思考解決對策。大家也可以跟孩子一起聊聊迷信形成的脈絡。

以「晚上吹口哨，蛇會跑出來」爲例，據說在很久以前，晚上吹口哨是「人口販子的暗號」，人們俗稱人口販子爲「蛇」。

還有另一種說法是爲了告誡小孩不要在夜深人靜時製造噪音。

無論是哪一種說法，晚上吹口哨都是社會上一般人認爲不好的行爲。

另外，也有一些迷信經科學驗證後發現，其實還頗有道理的。

日本有「貓洗臉就會下雨」的說法，這是因爲貓對濕氣很敏感，快要下雨的時候，空氣中的水氣會變多，據說每當這種時候，貓就會整理鬍鬚，一直做出洗臉的動作。

貓的鬍鬚是狩獵時很重要的工具，如果弄濕了，捕食的成功率就會變低，因此，貓洗臉其實也是一種本能動作。

許多「迷信」的確缺乏科學根據，但即便不是事實，大人陪著孩子一起思考迷信的形成與流傳的前因後果，可以喚起孩子對知識的好奇心，培養抽絲剝繭解謎的態度，領悟其中意義時的「原來如此」，能讓他們體會發現的喜悅。

只要用得正確，迷信也能發揮很好的學習效果。

10

從認識未知的自己學洞察

打開孩子心中尚未開啓的窗

小孩到了上小學的年齡，就是到了決定今後學習態度的重要時期。父母最重要的任務，是讓孩子保持體驗「發現過去不懂的樂趣」與「知道原因的喜悅」。

第一次自己發現問題、探尋理由或原因、獨力解決時得到的感動、喜悅和成就感，都關係到日後對學習的積極態度。

「解決問題了！」那種感動是提升孩子「生存力」的重要情緒。

進入小學後，每個孩子的能力看起來都差不多，但隨著孩子升上越高的年級，「發現了！」「學會了！」「解決了！」有許多這種體驗的孩子與不常體驗的孩子之間，就會出現明顯的差異。

這是因爲在學習的過程中，經常體驗洞察問題、解決問題的喜悅與成就感的孩子，學習意願會一直升高，當他們感覺學習很開心時，就會想要挑戰難度更高的問題。

孩子也不知道自己的個性

這種發現問題、解決問題的洞察能力，只存在於自己周邊的外在環境嗎？其實也存在於我們自己的個性或特質之中。

二〇一六年獲得諾貝爾生醫獎的東京工業大學榮譽教授大隅良典先生，發現了人體的細胞自噬機制（Autophagy）。

大隅良典生於第二次世界大戰後的極貧時代，他的童年就在母親身患重病、食物也很缺乏的情況下度過。

他還小的時候，哥哥送給他一本有關自然科學的書，因而立下成爲科學家的志願。

據說立志要「與衆不同」的大隅先生，小時候就是公認的「怪胎」。

但換個角度想，也正是這樣的「怪胎」個性，他才會一頭鑽進沒人要做的科學研究領域鍥而不捨。

從不同角度認識自己

我們對自己個性或特質的認知，常常與他人眼中的印象完全不同。美國心理學家提出的「周哈里窗」圖示，正可以用來說明這種情形。

將「自己所認知的我（的個性）」與「他人所認知的我」分成「四個窗戶（模式）」，藉此注意並接受自我理解的差異，在與他人溝通或交流時，就能

4 個窗戶

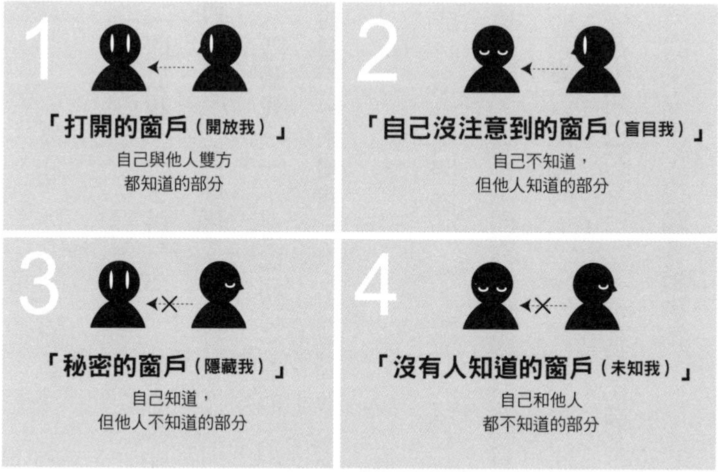
1
「打開的窗戶（開放我）」
自己與他人雙方
都知道的部分
2
「自己沒注意到的窗戶（盲目我）」
自己不知道，
但他人知道的部分
3
「秘密的窗戶（隱藏我）」
自己知道，
但他人不知道的部分
4
「沒有人知道的窗戶（未知我）」
自己和他人
都不知道的部分

更加順暢，這是心理學上經常使用的分類方法。

四個窗戶

「打開的窗戶（開放我）」：自己與他人雙方都知道的部分。

「自己沒注意到的窗戶（盲目我）」：自己不知道，但他人知道的部分。

「秘密的窗戶（隱藏我）」：自己知道，但他人不知道的部分。

「沒有人知道的窗戶（未知我）」：自己和他人都不知道的部分。

爲自己的個性或特徵感到困擾的人，應該要將「打開的窗戶」更向外開放，減少「秘密的窗戶」，也就是向對方傳遞自己的資訊。還要珍視能夠直率告知自己沒注意到的長處或缺點的人。

最後是打開「沒有人知道的窗戶」，也就是拓展未來的可能性。所以我們要讓孩子從小與不同的人交流，接觸各種事物。

牛津的教育理念是讓人們探索自己心中那扇未知的窗戶，引導他們打開那扇窗，讓每個人培育自己「自由的個性」。透過許多不同的經驗來發覺新的可能性，努力維持與他人的良好互動。

為孩子的個性感到擔憂、遇到教養瓶頸的家長，不妨畫出「周哈里窗」，幫孩子做一次總整理，找出新的可能性。

COMMUNICATION OXFORD

第二部 牛津式「溝通力」教養法

11
從聲音學溝通

朗誦經典金句

孩子的溝通能力與讀書、運動一樣，都會在日常生活中跟著父母學習，是很重要的教養課題。父母也必須以身作則，才能讓孩子學會。

所謂「溝通力」，就是「與他人交換意見的能力」。人終其一生都要以「人際關係」為基礎來學習與工作，這是我們在社會上生存不可或缺的能力。

本部將探討如何培養孩子的「溝通力」。

輔助學力的重要能力

學力一般是指國語、數理、社會等在學校學習的各種知識或技能，而入學考試的試題也大多以這些科目爲主。

另外還有雖不是學力，但卻能輔助學力的重要能力。例如好奇心、學習意願、專注力等。其中我認爲一切學力的基礎是語言能力，也就是溝通力。

事實上，日本文部科學省的溝通教育推廣會議正積極討論，隨著國際化的腳步，國家必須培養能接納各種價值觀的人，以及同心協力爲社會做出貢獻的人才，爲此研擬具體方案及普及的方法，希望能夠有計畫地提升孩子的溝通能力。

會議也做出決議，在不久的將來，溝通力會成爲所有孩子必須透過學校教育學習的能力之一，屆時高中和大學的入學考試也將會有重大變革。

學說話前先學聽

父母該如何培養孩子的溝通力呢？

學齡前階段是很重要的學習關鍵。父母可以對剛出生的寶寶多說話、手指物品或圖畫聊天，隨時對孩子投以關懷的話語等。

孩子還小的時候，懂的詞彙少，表達比較受限，要提昇他們溝通力，必須先重視言談中的「聲音」。

要讓孩子學會用「聲音」傳達意思，必須先培養「聽清楚」的習慣。理解其中道理的父母，就知道要以明顯的嘴形、清楚的發音對孩子說話。

如果講話時口齒含糊、聽不清楚，是很難提昇孩子的溝通能力的。溝通力的關鍵在於「好聽」的發音。

那麼，父母又該如何才能用好聽的發音與孩子交流呢？我非常推薦「朗讀經典金句」。

所謂經典金句，包含了流傳已久的繞口令、故事、還有從像是夏目漱石等知名文豪的經典作品中摘錄的金句，這些都是至今人們仍樂於傳誦，寫文章時會做爲參考的範例。

因此，盡量讓孩子以正確的發音「朗誦」這些廣受喜愛、倍感親切的金句或文章，是非常重要的練習。

齋藤孝所著的《想要朗誦的日本語》中，摘錄了許多金句，目的就是希望讀者透過朗誦金句來提振精神、豐富心靈。

孩子不要只是瀏覽句子，一定要發出聲音朗誦，才能體會文字的優美、樂趣與勁道。

市面上也出版了以幼兒爲對象的《想要朗誦的日本語》繪本，非常值得參考。

發音清楚是關鍵

實踐的第一步，可以讓孩子一邊數著句子中的音，一邊跟著唸。

先張開手指，唸一個字就彎下一根手指，例如「小、狗」「小、貓」，孩子一邊唸，一邊會跟著發現「小狗和小貓都是兩個聲音」，從這樣的遊戲開始，就會帶來不錯的效果。

我建議朗誦金句時一定要發音清楚，讓孩子一個音、一個音好好唸出來。

事實上，這個方法不只在日本，牛津大學也從很早就開始推廣這種教育方法。

過去牛津大學將學習拉丁語及希臘語、背誦詩、歌、《聖經》的文章視爲學問的精髓。直到現在，這項傳統在大學中仍隨處可見。

例如大學的校徽上有拉丁語字樣「Dominus illuminatio mea（天主是我們的光）」，教授和學生共同參加的晚宴開始之前，學院院長會帶領大家朗誦這句話。

朗誦這句話時發出的優美聲調，就是牛津學院生活中大家溝通對話的基礎吧。

想要提昇孩子學力，出發點就在於家長要口齒清晰。

家長說話時字正腔圓，孩子就能養成馬上記住聲音與詞彙的好習慣。如此一來，孩子對於在外面清楚聽到的新事物，也能迅速吸收。

從信任學溝通 12

信任孩子的親身感覺

家長：「今天比較冷，你要穿毛衣。」

孩子：「今天天氣很好，會變熱啦。」

家長：「我叫你穿就穿。要是感冒怎麼辦？」

孩子：「很熱啦，我不要穿！」

在教養的過程中，家長和孩子經常發生爭執。從上述的對話可以看出家長完全否定孩子實際的感覺，因爲家長覺得自己的感覺才是對的。然而這會在無形之中對孩子傳達出一種訊息，也就是會讓孩子覺得「自己的感覺不被信任」。

醫學或心理學等研究早已證實，在「濕度」「時間」「色彩」上，小孩與大人身體對此的感覺有很大差異。

例如，小孩總覺得時間過得很慢，小學六年的時間對他們來說非常漫長，但是大人卻覺得一年很快就過去了。

從生物學的觀點來看，大人和小孩體內的「生理時鐘」是有差異的，而且生理時鐘也可能與體內細胞分化的速度有關。

比如說，小孩細胞分化的速度非常快，所以一年的長度，他們會感覺像是兩年。

大人的生理時鐘則比小孩來得慢，才會造成自己感覺以爲才過了半年，看到月曆卻驚覺「一年過去了！」這樣的落差。

多提出自己的想法

在網際網路和網路社群發達的今天，我們每天都處在大量的資訊當中。

在這種情況下，我們經常誤以爲別人「說的話」比自己的感覺來得正確，或是優先。

我長年在大學任教，見過許多學生爲了準備入學考試，反覆且過度的強記與知識填鴨，導致他們身體的感覺或心理的感性都麻痺了。

當然，學生或許還有各種感知，但仍有許多人甚至不自覺自己的感知。

已故的世界知名鋼琴家中村紘子，二〇歲就獲得「蕭邦國際鋼琴大賽」獎項，是當時最年輕的受獎者。

她接受雜誌專訪時說：「最重要的是，無論發生什麼，我都用我自己的語言演奏。而我相信，一定有人聽了我的演奏而打起精神、感到幸福。」

她很清楚自己能發出什麼樣的聲音，應該用什麼樣的演奏方法來感動聽衆。這也讓我們知道，相信自己的感覺有多重要。

牛津大學的一流菁英都很重視自己身體的感覺。他們知道那種感覺不是靠大量資訊堆砌出來的，而是身體自然感受到的一股直覺衝動、一種內在指標。閱讀或寫文章時不要盲目接受別人的想法或意見，先以批判的態度思考，再提出自己獨特的意見，這個重要的觀念，必須靠教育灌輸。

我撰寫論文時，指導教授也嚴格要求我「不要一味引述別人的意見，多提出你自己的想法」。

在這樣的訓練之下，自己的想法和感覺將會漸漸成爲預測先機或解讀人心的養分。

重視直覺表達力

要如何提升孩子的種種感覺表達力呢？簡單來說，就是在日常的對話中，相信孩子的感覺。

這並不是要父母什麼事都聽由孩子決定，也不是要父母妥協什麼，只是在言談或體驗中表達相信孩子的感覺，即便日後證明感覺對了或是感覺錯了，孩子只要知道自己的想法都能獲得他人接納，這些感知就會在他們心中逐漸累積。

最後，他們便學會與人溝通時最重要的道理：「凡事不必顧慮太多，照著自己的感覺，直接表達出來就好。」

相信這樣的互動日積月累下來，就能有效減少孩子為顧慮別人而感到筋疲力盡，或是為不敢自我主張而深陷煩惱的情形。

要求孩子配合大人的感覺之前，先相信孩子的能力。

有的孩子怕熱，有的孩子怕冷，即便是親子，感覺不一樣是很正常的，大人要重視孩子生命中的種種感覺。

13

從打招呼學溝通

善用全世界通用的「溝通貨幣」

大家每天都記得要打招呼嗎？

我小的時候，爸媽經常提醒我「遇到人要打招呼」，但是長大以後每天都忙得不得了，有時候覺得跟別人交流很麻煩，就不太跟人打招呼了。

你可能會想「不過就是打個招呼」而已，但其實「打招呼」是溝通學等相關領域重要的分析主題之一，不僅是人與人，在國與國的外交上，甚至還有從戰略觀點切入的研究。

實際上，腦科學等領域研究也證實，在日常生活中，打招呼對人際關係能達到許多正向效果：

「讓人覺得你懂基本禮儀」：在對話一開始就博取信任。

「增加笑容」：打招呼可得到笑容。打招呼的次數等於笑容的次數。

「心情愉快」：大聲而開朗的問候，能使彼此心情愉悅。

一切對話從問候開始

打招呼不僅止於當事人雙方的交流，周圍的人一定也會看見。每天認真跟人打招呼，就會在旁人眼中留下「善解人意」的印象。

招待外國政府官員或是舉辦國際會議，迎接從國外來的各國貴賓使節時，必須遵守所謂的「協定國際基本禮儀」（Protocol），學界也對此進行了相關研究。

例如，問候語、行禮方式、握手、在群衆前應有的行爲舉止等，每個國家的文化都不同，需要有特別的知識及謹慎的態度來交流。「協定國際基本禮儀」就是爲了避免不必要的誤解或摩擦，以促進國與國之間關係融洽的一種「智慧」。

世界頂尖人物都知道，打招呼是建立良好人際關係的基本技巧。

伊莉莎白女王與英國皇室的教養原則，也都是先從教孩子打招呼的禮儀開始做起。「一切對話從問候開始」，這種說法一點也不爲過。不會打招呼，就不算是眞正的一流人物。

問候時多說一句

最近越來越多人不會打招呼。我們應該要將打招呼視爲進一步建立人際關係的機會，從小就養成打招呼的好習慣。

有效的問候必須包含以下三個重點：

- 必須自己先主動問候。
- 以和善的眼神向對方示意。
- 問候時多說一句，例如：早安！今天天氣眞好。

擅長溝通的人都有「積極性」。不只是口頭表達，笑容、點頭、聲量等，都能令人留下印象。問候時只要多說一句話，就能延續下一個話題。把握這三個重點，給對方的印象就會完全不同。

遇到有人跟你打招呼，我想沒有人會覺得討厭，換句話說，這是「沒有風險的溝通」，而且不花任何時間或金錢，就可以馬上學會。

「打招呼」是全世界通用的「溝通貨幣」。每天實行，久了自然就變成習慣，家長不必耳提面命，只要每天在生活中以身作則，孩子慢慢就會內化成自己的一部分。

14

從標題猜謎學溝通

看新聞猜標題，練習主題清楚的傳達力

想像你的孩子放學回家後，開心分享今天學校的種種：

「今天我和〇〇〇一起玩喔。」

「今天在學校，老師啊，在教室……」

有時候孩子一時不知道該如何表達自己想說的話，或是嘰哩呱拉講了一堆，大人還是一頭霧水。

所謂「百聞不如一見」，意思是「聽人說了千百次，不如實際眼見爲眞」，如果孩子講的話像看電影一樣有畫面可以參考，也就罷了，但實際上我們只能從孩子說的內容去理解。

這時不妨讓孩子思考一下，有沒有用對方能夠清楚理解的方式，來傳達自己想講的話。

想要在他人面前表達無礙，就必須思考如何練習，不僅是想而已，實際的練習才是重點。

我們可以發現，電視上的新聞主播和記者都是越老練的人越會表達。因爲他們都接受過長時間的溝通訓練與傳達練習，會依對象不同，來思考最適合的傳達方法。

跟「摘要專家」學習掌握溝通重點

我在牛津留學時期的一個同輩友人，現在服務於英國廣播公司（BBC），我曾經問他，要如何訓練孩子的說話技巧。

他建議我，可以每天跟孩子玩「看新聞猜標題」的遊戲。

先讓孩子唸一段新聞或短文，然後自己想一個標題，遊戲的方式大致像這樣：

- 遮住報紙或書刊的標題，只讀內容的部分。
- 針對文章思考適合的標題。

乍看好像很簡單，但實際嘗試之後，你會發現比想像中困難多了。

盡量選孩子有興趣的報導或內容，不必刻意挑選艱澀困難的社會政治新聞，或也可以選他們比較喜歡的動漫或遊戲的報導。

報紙的標題或是書中的小標題是由記者或作家這些「摘要專家」所寫。他們將報導內容歸納成簡潔要點，最主要的目的就是以淺顯易懂的方式傳達。

小孩通常都不會思考「最想講的是什麼」，就只是想一股腦「全部」說出來，無法將自己的話先在心裡整理成「對方要聽的話」。

雖說耐心傾聽孩子說完也很重要，但如果孩子無法順利表達最想講的部分，他自己也不能釋懷。

教孩子說話要盡量減少「無用」的部分，養成先把內容整理一下的習慣，讓對方容易聽懂。利用「新聞標題猜謎」的遊戲，愉快學會「一語道盡」的傳達功力。

15

從認識新朋友學溝通

多製造與人初次見面的機會

眼睛就像嘴巴能說話。

除了用語言，人還有其他傳達意思的方法。

這些方法通稱為「非語言溝通」（Non-verbal communication，簡稱NVC），舉凡手勢、態度、表情、聲調、聲量、說話速度等；還有服裝、髮型等能觸及雙方五感的要素，都包含在內。

不只說話，還要善用NVC傳達訊息

根據美國心理學家梅拉賓（Albert Mehrabian）博士的實驗結果顯示，在一般情況下，我們從他人身上接收到的資訊，有五五％來自人的臉部表情，三八％來自聲音，像是音質（高低）、聲量、節奏，說話的內容其實只占了七％。

換句話說，這證明了人與人溝通時的話題內容固然重要，但依「梅拉賓定律」來看，我們有相當高的程度是藉由人臉上的表情和肢體的動作來判斷或評價他人。

一般來說，日本人傳達出來的NVC，多半讓人覺得只是很表面的「演技」或表現太過「浮誇」，相較於其他國家，日本人多半「面無表情」「無法看著對方眼睛說話」「與熟人保持距離」等，這些非語言溝通的訊息總會在無形中令對方覺得疏離。

日本發展趨向全球化，與世界各國的人交流越多，越應該重新認識NVC

的意義；不要害羞，而是要更積極運用NVC。

溝通專家在開口表達之前，都會先一一確認傳達自己意思的方法，用心學習可以更有效溝通的動作或表情，以博取對方的好感。

我參加過幾次牛津大學教授的研究發表會，他們的報告都非常生動，總是能吸引觀眾聆聽到最後。

他們不會像大多數的日本學者那樣照本宣科，眼神隨時都在關注全場聽衆，利用肢體動作強調演說的重點，有時還會刻意停頓，賣一下「關子」，才說出眞正的重點，將NVC要素發揮得淋漓盡致。

教出給人好感的孩子

那麼，該如何教孩子表情豐富呢？

我自己對於溝通有諸多研究，又有實際教養孩子的經驗，我認爲在孩子還不會說話的時候，家長應該要多以豐富的表情和肢體動作與孩子互動。

我在小孩剛出生、還沒有太多反應的時候，總是抱著她，笑著對她說話。等孩子漸漸成長，開始有反應以後，我的笑容又更多，還拉著她的手腳一起玩遊戲。

或許是方法奏效，我的孩子在還是小嬰兒的時候就很愛笑。而當我生氣的時候，我也會以嚴厲的目光示意，鄭重提醒。

還有最重要的一點，就是要多讓孩子與不同住的祖父母或表兄弟姊妹、鄰居孩子和其他大人接觸。有機會的話，也可以多和不同文化背景的人交流。人的聲音或表情太多變化時，孩子一開始可能不太習慣，但他們會漸漸發現與各種人接觸是件開心的事，「好相處」就是給人好感，連帶也能訓練孩子的膽量。

孩子再大一點時，教他們讀懂對方訊息背後眞正意涵的觀念也很重要。即便善於言詞溝通，有時候還是會遇到對方不能接受的情形。有事拜託別人，或是對方對你有期望時，也要能分辨別人的心情。

當我們越來越懂別人的肢體語言、越能理解對方的心情，就能愈快學會察覺對方NVC的能力。

啓發孩子解讀對方NVC的時機，就是當大人溫和仔細說話、也無法跟孩子溝通時。這時候家長便可以利用NVC向孩子傳達意思。

孩子關注父母的視線、表情、姿勢、肢體動作等外在的一切，遠比言詞要多。換句話說，大人面對孩子時的NVC，即使他們年紀還小，也會很敏銳的感知「這個人是以什麼樣的心理狀態在對待我」，他們總是這樣注視著家長的一舉一動。

相信許多讀者讀完這篇文章，可能會覺得「這些不都是理所當然」的道理嗎？不過，越是理所當然的事情，就包含越多重要的訊息。

如果你也期望孩子能夠「表情豐富又討人喜愛」，就請想像他們光明的未來，重新思考自己與孩子相處的方式。

16

從體貼學溝通

體貼的幽默很重要

善於溝通的人都很有幽默感，總會讓周遭人不自覺發出會心一笑。這種有幽默感的人，經常都是學校或職場的「萬人迷」，是團體中扮演開心果角色的中心人物。

在歐美社會，「那個人很有趣（interesting）！」即是對他的讚美。日常生活中，「笑」的效果也吸引大家的關注。近年的醫學研究指出，「笑」對於受困在壓力之中的人能帶來舒緩身心的效果，也證明與長壽有關。

幽默對小孩心理發展的重要性已眾所皆知。

當孩子的語言能力提昇，辨識能力進步，就開始能慢慢理解「幽默感」這回事。

幽默感可說是孩子學力的基礎之一，對日後學習力的延伸發展很有幫助。還有研究證實笑能激發大腦的運作，使思路更靈活。

幽默感能強化人際連結

對英國以非暴力不合作運動贏得印度獨立的領導者甘地，平時給人嚴以律己的印象，但其實他經常面帶笑容，是一個很幽默的人。

甘地曾說：「如果沒有幽默，我不可能在這麼長的苦戰之中撐下來。」

其實有非常多像甘地這樣的領導人物都很有幽默感。這些人的共通點是，他們都熟知幽默的言談能引起大家的興趣，在外交或重要會議等高度緊張的交涉場合，有幽默感的談話是能夠緩和現場氣氛的溝通技巧。

當我們有煩惱或是面臨重大問題時，常是神經緊繃，陷入無助的狀態。這時幽默感能使自己和對方都放鬆心情，甚至能讓我們鼓起勇氣。

有幽默感的人應該都有一顆「體貼的心」。你和我一起爲一段幽默的話發笑，代表我共同擁有這種情緒，人與人之間的連繫也會因此而更緊密。

英國因爲民族性與社會成熟，孕育出許多「幽默文學」。

根據我在牛津攻讀文學的朋友表示，英國作家狄更斯的小說裡有無厘頭的笑、捧腹大笑、黑色幽默，應有盡有。她一直在研究文學中的幽默感與英國人給人的感覺之間有什麼樣的關連。

她認爲：「英國人有一種不介意被人嘲笑的氣質。」

即使有人惡言相向，他們也能「一笑置之」，這足以說明「英國紳士」的氣度。我來自最擅長搞笑的日本關西，對此頗有同感。

對話中添加一點幽默，逗別人開心，能強化彼此的連結。那麼，日常生活中，該怎麼教孩子充滿幽默感的說話技巧呢？雖然幽默感有些是天生的，不過只要平時多花一點心思刻意培養，也可以學會。

有幽默感的孩子人緣好

父母可以先試著在平常的對話或遊戲中，加入一點幽默感。

孩子小的時候，我常常和他們玩「猜猜我是誰？」和「搔癢遊戲」。每次要搔癢前，我都會以誇張的表情和手勢表演「我來搔癢嘍」！讓孩子充滿期待。

大人和小孩藉著身體的接觸，擁有共同的感覺，這對培養體育能力也很有幫助。

孩子長大以後，語言能力提昇了，就可以利用手偶表演有趣的故事，配合〈越過山丘〉之類的日本經典童謠，誇張表現「野餐」的動物叫聲，或是運用一些狀聲詞，都可以培養孩子的想像力和幽默感。

我的孩子漸漸長大之後，平常很愛笑的她們，也喜歡逗別人開心，人緣很好。

孩子藉著共享喜悅的經驗，一方面釋放情緒，充滿幽默感的溝通力也會開始發達。

還有許多其他的方法，像是可以讓孩子多接觸外國的繪本、戲劇、電影等作品。外國人講話總是表情豐富，又富有幽默感。我們看小小孩的訪問，個個能言善道，一點也不輸給大人。

不過，幽默的最基本原則是「體貼」。我們一定要提醒孩子，再怎麼好笑的事，也不能自以爲幽默而傷害了別人。

17 跟長輩學溝通

多與不同年齡層的人交流

在過去，長輩與小孩互動是很平常的事。聽自己的爺爺奶奶說以前的故事、或是玩以前的遊戲，年長者與小孩隨時都有機會交流。

以前也經常可見到惡作劇的孩子被附近的老人家斥責。丟球打破玻璃、被狠狠罵一頓的經驗，我也有過好幾次。

然而，最近少子高齡化的趨勢以及核心家庭的增加，街坊鄰居越來越少來往，使得世代間交流的機會逐漸消失。

年長者與小孩的互動越來越少，這對社會所造成的損失其實遠比我們想像要大。

跨世代交流好處多多

小孩可以和長輩學到很多經驗，舉凡禮儀禮節的習俗、過去生活的歷史等，小孩得以自然而然學會前人的智慧。

日本人耳熟能詳的國民漫畫《海螺小姐》，翻拍成電視劇之後，在電視臺播出多年，為每個家庭帶來不少歡樂。

劇中小鱈出生、成長的環境當中，同時有媽媽海螺與爸爸鱒夫的現代思維、爺爺阿舟與奶奶波平的長輩經驗，還有阿鰹和若芽兩個已經上小學的哥哥和姊姊、偶爾來玩的小表弟等家庭成員，讓小鱈從小就生活在跨世代的交流環境之中。

像小鱈這樣有機會接觸不同世代家庭成員的孩子，就會聽到不同世代的人的成長經驗，也會知道社會上還有不同於自己家庭的環境，藉此學會社會規範，長大後自然能與各種世代的人交流互動。

在跨世代的環境下培養出來的感性溝通特質，將會一直陪伴孩子直到成年，變成珍貴的內在資產。

小孩藉著與長輩交流，就能學習到新的溝通模式，而產生新的溝通模式的能力，是小孩發展健全自我不可或缺的要素。

最近有研究指出，跨世代交流對小孩與高齡者所產生的影響極大，事實上這些年來，各鄉鎮市行政單位也在陸續增設結合了老人安養中心與托兒所的幼老福利設施。

設置幼老福利設施的目的，就是希望透過打造小孩與年長者跨世代交流的環境，來達到加乘效果的「老幼共托」。

年長者退休後，爲社會發揮功能的機會減少，生活孤立、失去生存價值，在在造成社會生活品質整體低落的問題，少了豐富生活與自我實現的機會。

一項研究報告指出，年長者藉著與小孩交流、傳授古早的遊戲等方式來發揮溝通功能，這能使他們的身心狀態產生很大的變化。

另一方面，也有學術資料指出，孩子若有與祖父母一起生活的體驗，就能獲得精神上的安定並學習文化性的知識，而孩子教長輩使用電腦或手機，也是一種增進與現代社會溝通的學習。

對於社會閱歷豐富、過去多居高位的年長者來說，重新扮演起宛如回到過去學生時代的溝通角色，是很新鮮的刺激。

眞正一流的人才必須具備良好的溝通技巧，與任何世代的人都能溝通無礙，因此最好從小就給孩子多多與他人接觸溝通的機會。

學習與不同年齡層的人溝通

與年長者對話也是提昇溝通技巧的重要方法。

由於年長者聽力比較不好，孩子說話的聲量要大，也必須帶著耐心傾聽。

另外，年輕人平常習慣講的簡稱、流行語，用在與年長者溝通上也是行不通的。盡量避免使用年長者聽不懂的年輕人用語，養成對長輩用正式語言說話的習慣。

小孩的世界先是從母親與自己的關係開展，然後擴大到家人，再到社會。這個過程看來自然，對孩子將來的發展卻有很大的意義。

孩子長大以後，一定要自己思考未來，也就是要充分認識生存在社會中的自己，這樣一來自然懂得思考爲人處事的種種相處問題，也才會謹慎看待自己的讀書和學習狀況。

社會上有千百種人，長大後進入社會，就要與前輩或上司這些與自己年齡有著相當差距的人一起工作。

我們或許都會遇到不少人際關係問題，如果先準備好與各種年齡層溝通的能力，就能夠跨越代溝。

18 從聽外語學溝通

長大不再對英語過敏

最近去到觀光區，眞的感覺到來自世界各國的旅行者越來越多了。

根據日本觀光局發表的「訪日外國人消費動向調查」，二〇一五年來日本觀光的外國旅客高達兩千萬人。

這是因爲日本簽證的條件放寬，以及廉價航空的飛航路線擴增等因素，再加上二〇二〇年即將在東京舉辦奧運，都是吸引外國旅客來日本觀光的要素。

話說回來，在街上遇到外國人問路就手足無措的日本人還眞不少。就算全世界最多人講的語言是英語，但其實從前一次東京舉辦奧運以來，日本人對英語過敏的傾向還是沒有太大改變。

在傳播學與溝通等研究領域，英語、法語、西班牙語、華語等外語，日本人講起來就是卡卡的，有人指出，問題其實出在日本人的文化背景原本就「不是很愛講話」或「極度害怕說錯話」。

我有外國朋友在日本教英語，他們都一致認爲，日本的英語教育總是偏向「讀」「寫」能力，如此培養出來的人幾乎不會「聽」跟「說」。

最近在多個場合都有人指出同樣的問題，主要原因就是日本的英語教育在中、高、大學都是以文法、寫作爲主。

更驚人的是，日本高中程度的英文文法，是英語世界國家大學以後才會開始學習的程度。學了難度這麼高的文法知識，卻無法活用於溝通，實在是很「可惜」。

無論什麼外語，溝通時「說」得通、「聽」得懂才是最重要的。想要迅速學會說流暢的外語，「沉浸在語言環境」是最快的捷徑。

泡在外語裡的沉浸式教育

不知道大家有沒有聽過「沉浸式教學法」。

所謂「沉浸」（immersion），簡單說就是「泡在外語環境裡」，這是雙語大國加拿大研究出來的學習方法。

英語沉浸式教育，其實不單單只是開設英語課程、專注學習英語這個語言，而是用英語做爲語言工具，來教授國語、數學、社會等學科，讓孩子自然而然學會使用英語學習溝通。

如果想學好英語，去到講日語是行不通的英語世界國家生活個幾年，當然是最理想的方法，但是考量到巨額花費以及與國內完全不同的教育環境，終究不是能簡單實現的方式。但是我們可以在日常生活中帶入沉浸式教育。

即使身處在日本或其他非英語系國家，還是有些秘訣可以讓孩子「沉浸」在英語裡，讓英語能力進步。

要會使用英語，第一步就是要「聽」。不單單只是「聽」聲音，而是要「聽進耳裡、聽進心裡」。

首先，在日常生活中增加孩子聽英語的機會，讓大腦以輕鬆愉快的方式接觸英語，消除對英語的恐懼。

父母沒有必要馬上準備什麼英聽教材，孩子如果喜歡音樂，可以聽聽西洋歌曲；喜歡電影，就不要選配音版，看原音字幕版，用能力可及的方法讓大腦覺得「英語很好玩」。

我們家會讓孩子看迪士尼動畫，英語和日語兩種版本都看。孩子遇上喜歡的動畫都要看個好幾次。

他們記得劇中人物在日語版中說的臺詞，聽到喜歡的臺詞，就知道「原來英語是這樣說啊」！

像這樣輕鬆好玩記住的單字，會深深留在記憶。背英語單字時，配合相關的場景，就是以玩樂的心情記憶，這會和準備考試時的死背很不一樣。

接下來是「跟讀」（shadowing）。所謂跟讀，就是將耳朵聽到的英文句子，馬上跟著說出來的練習。這種學習法也適用於專業口譯人員的訓練。不必正確理解單字的意思，發音也不必力求完美，就只是單純模仿自己所聽到的聲音，練習說出來而已。

從「聽」開始接觸英語，可以消除孩子對語言的恐懼，產生興趣，也會提高學習語言的動力。

19 跟「六位智者」學溝通

「5W1H」豐富孩子的對話內容

根據日本內閣府（編注：相當於臺灣行政院）發表西元二〇一三年版的〈兒童與青年白皮書〉，其中一項「與父母相處時間」的調查結果指出，孩子一週與父母對話的時間，與爸爸未滿五小時，與媽媽十到十九個小時的孩子最多。

調查還發現，幾乎沒有對話的親子，孩子有近一成是中學生，高中生則多一些，占了一成多。原因可能是母親多為家庭主婦，而父親下班回家時間很晚。

另外，有在上班的母親大多傍晚就會回家，但有三成以上的父親會到晚上八點以後才回家，十點之後的人也占一成左右。

父親平常工作太忙，沒有時間陪孩子，偶爾休假想跟孩子互動，卻不知如何是好。

還有，四到六歲左右的孩子就會開始產生自我意識，也會反抗父母。對父母的問話回答「不知道」「不懂」，甚至還有根本不回答的。

會產生這種狀況，是因爲孩子過去一直過著以家庭爲中心的生活，上了幼兒園或小學之後，已經習慣團體生活，這樣的自我意識，其實是孩子長大了的證明。

我相信「想跟孩子多聊聊」的父母一定也很多。

和親子聊天溝通時，可以借助「六位智者」，以孩子的話題爲中心展開對話。

注意「是什麼」「為什麼」「怎麼了」

印度出生的英國作家吉卜林命名的「六位智者」，也稱爲「5W1H」，就是英文的六個疑問詞：When（何時）、Where（哪裡）、Who（誰）、What（什麼）、Why（爲什麼）、How（怎麼做），利用這5W1H的提問與孩子對話。

我的小女兒從小學就開始打籃球。有一天我問她：「今天打籃球開心嗎？」她只說「很累」「累死了」，然後我們的對話就結束了。

我突然心生警覺「這樣不行」，於是便接著問：「今天的籃球課做什麼樣的練習？」

女兒一聽，便打起精神說：「今天練運球和上籃，練了好幾次呢！教練誇我做得很好。」

之後我繼續用5W1H延伸我們的對話。

又比如說，與孩子講話最後一定要讓他說出「做○○的理由是○○」。最後的理由如果是好的，就嘉獎他，如果不是好的，就陪他一起思考。

或者也可以反過來，注意孩子的「是什麼」「為什麼」「怎麼了」，做為對話的開端，或是延伸話題。

村山哲哉監修的《好歡樂！奇妙的科學：為什麼？怎麼做？小學一年級篇》解答孩子尋常的提問，淺顯易懂。像是：「熊貓為何是黑白的？」「眼淚從哪裡流出來？」等等，父母向孩子展示豐富的圖解和文字說明，滿足孩子的求知欲，歡樂的親子互動就可以一直延續下去。

歐美的學校平時都運用5W1H展開對話及教授簡報技巧，來培育能活躍於世界級舞臺上的菁英人才。

與親朋好友聊天，或是對群眾演說、做簡報時，也可以運用5W1H，相信會帶來很不一樣的效果。

父母平時就可以利用5W1H跟孩子對話，養成習慣，當他們身處於群體中發言時，就會顯現出不同的領導特質。

20
從評價自己學溝通

讓孩子說明對自己的看法

最近坊間流行的自我精進課程，像是電腦程式設計或ＡＩ人工智慧，還有以認識國際爲目標的英文會話等，特徵都是放眼全球化的世界。

其中，下一個世代的菁英教育最受關注的，就是簡報的技巧。

就算心中有好創意或新點子，如果不能傳達給他人、贏得大家共鳴，就沒有意義。東京這次申辦奧運成功，就是因爲簡報技巧發揮了很大的貢獻（編注：二〇一六年，東京申奧代表團成員輪番以精采簡報內容，在國際奥委員會上做最後決選的簡報發言，分享運動改變他們人生的故事。最後以出乎裁判預料的生動簡報，成功讓日本東京贏得二〇二〇年奧運主辦權）。

訓練孩子做簡報的自信

一般日本人不善於對群衆演說，對於在衆人面前闡述自己的意見，多半抱持消極態度。這是因爲日本人受「自信心」和「自我肯定」影響極大。

根據近年內閣府所做的調查發現，日本小孩與青年對「自我肯定」的程度，明顯比其他國家低落。

舉例來說，對於「你滿意自己嗎？」這個提問，回答「是」「應該是」的比例，外國大概都有八〇％以上，但日本的小孩卻只有四八％。

因此，日本的人最需要改善的一點，就是不要關起門來思考，想要成就遠大目標，就必須從如何好好的表達自我、學習簡報技巧做起。

做出好簡報的基礎就是自信心和自我肯定，這在許多場合都非常重要。所以趁早訓練孩子做簡報的自信就是關鍵。

蘋果創辦人賈伯斯就有一流的簡報力。出色的演說和簡報能力可以吸引全場聽眾，其本質就在於他總是站在聽眾的視角注意所有細節，表達想法時卻又可以做到簡單扼要。

與歐美比起來，日本的孩子在學校做簡報的機會相對較少，也比較沒有訓練的資源。簡報力不是天生就有，必須靠後天的努力和訓練，再累積實際經驗，才能有效發揮。

孩子對「自我肯定」的程度，大概在〇到六歲的學齡前階段就會成形。在這段黃金時期，父母對待孩子的態度尤其重要。

讓孩子用自己的話說明

日常生活中，要訓練孩子的簡報力，必須先讓他們養成如實說明內心想法或創意的習慣。

我有一個荷蘭朋友在聯合國工作，是公認的簡報高手。我跟他聊起教養孩子的話題時，注意到他優秀能力的秘訣來自於早期的栽培。

當孩子問問題時，大人不要馬上回答他，而是反問：「你的想法呢？」讓孩子自己說明。

孩子拿圖畫或勞作來的時候，大人發表感想前，先問：「你覺得這個作品哪裡最有趣？」要孩子用自己的語言來解說。

朋友還說，即使孩子勞作做得很好，也不要馬上讚美他。如果大人先說出感想，「這樣孩子下次畫圖，就只是爲了得到大人的讚美」。

「你的想法是什麼?你做了哪些努力？」讓孩子先用這些問題面對自己，然後用語言讓對方理解。

有兩個重點：

第一，孩子如果沒有得到讚美，就可能失去自信或動機，父母應該要讓孩子感覺到「我覺得這很重要」。

即使作品做得不太好，還是要讓他保有「已經努力完成作品的自信」。

第二，對孩子形成自我肯定的最大阻礙，就是父母用自己的情緒與觀感，去批評孩子的作品。

即使孩子的報告不盡理想，大人也不要動怒或否定他「要做幾次才會？」「你沒有天分」。

這樣的反應，會讓孩子的自我肯定感低落。

想要培養孩子的簡報力，可以從日常生活中與孩子對話時添加上述元素，讓孩子從「自我肯定」開始做起。

LEADERSHIP
OXFORD

第三部 牛津式「領導力」教養法

21

跟柴契爾夫人學領導

「我能做什麼？」「問題在哪裡？」「該怎麼決定？」

所謂組織或團體，就是由兩人以上集結而成的群體，當中會有一位擔任「領導者」的角色，負責決策及主導團隊合作。領導者的能力或力量往往會決定團隊取得利益的多寡。

本部將說明培養孩子領導力的教養方法。

一個團隊如果沒有領導者在前頭帶領，就無法往正確的方向前進。

在日本戰國時代，有能力的領導者稱為「武將」。日本最有名的三大武將分別是織田信長、豐臣秀吉、德川家康，他們各有以下的領導特質：

織田信長——「唯我獨尊」型。發揮強勢領導力，一人帶領整個團隊。

豐臣秀吉——「團隊合作」型。在團隊內部維持良好的人際關係，重視營造氣氛。

德川家康——「教練」型。善用每個成員的能力，提升團隊整體成果。

這些領導者的素質，其實也是現代領導者身上看得到的特質。

既能達成目標，又能凝聚人心

在今日的社會，所謂的領導者又有哪些特質呢？

日本的社會心理學家三隅二不二從分析團隊功能，提倡「PM理論」，並將活躍於現代社會中的領導者行動，分成以下類別：

領導者要想成功統御團隊，就要發揮兩種重點功能，一是策動人力以達成目標、研擬計畫的「P達成目標功能」（Performance function），一是凝聚團隊士氣，使行動能順利進行、圓滿完成任務的「M凝聚團隊功能」（Maintenance funcfion）。

領導者爲達成目標，不僅要能發揮對成員發出指令或命令的P功能，也要能發揮M功能，也就是理解各人立場來委派工作，發生問題時能介入仲裁，並且做到不偏袒特定人員，對每一個團隊成員一視同仁。這兩項功能缺一不可。

依據這兩項功能的強弱，領導型又可分爲四種，如左頁所示。其中最優秀的，當屬P功能和M功能都高的「PM型領導者」。

當一位領導者既得人心，又能凝聚團隊向心力（M），再加上能夠帶領團隊達成目標（P），就能使團隊表現得以做最大發揮。

PM型（P、M皆大）
目標明確，也會注意維持團隊默契的理想型

Pm型（P大m小）
嚴格要求達成工作目標，做出成果，但團隊的凝聚力小。能達到成效卻失去人心型

pM型（p小M大）
能凝聚團隊也得人心，但對工作要求較寬鬆型

pm型（p小m也小）
工作的成效達成與團隊凝聚力都弱，失格領導者型

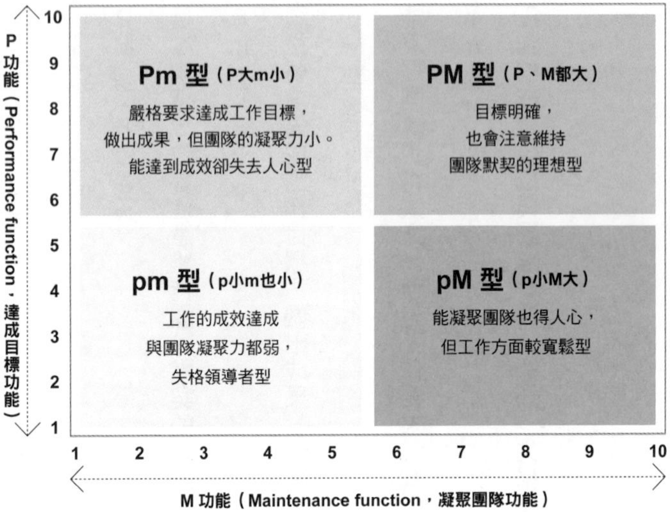
P功能（Performance function，達成目標功能）
10
9
8
7
6
5
4
3
2
1
Pm 型（P大m小）
嚴格要求達成工作目標，
做出成果，但團隊的凝聚力小。
能達到成效卻失去人心型
PM 型（P、M都大）
目標明確，
也會注意維持
團隊默契的理想型
pm 型（p小m也小）
工作的成效達成
與團隊凝聚力都弱，
失格領導者型
pM 型（p小M大）
能凝聚團隊也得人心，
但工作方面較寬鬆型
1
2
3
4
5
6
7
8
9
10
M 功能（Maintenance function，凝聚團隊功能）

留心孩子的領導型

說到「領導者」，我們可能馬上想到的是戰國武將織田信長「唯我獨尊」那一型。但是從PM理論來看，領導者可分成好幾種。

家長若希望孩子將來成爲領導者，參考這個法則來提醒孩子和自己，將會很有幫助。

英國前首相柴契爾夫人是牛津大學校友。她擔任首相時期，有「鐵娘子」之稱，在各方面展現卓越的領導力。

她的年幼時期家境並不富裕，歷經一番苦學，才進入牛津攻讀自然科學。她的回憶錄中提到，她經常提醒自己三件事：「我能做什麼？」「問題在哪裡？」「該怎麼決定？」

學生時代學習的物理和化學等學問，看起來好像都和政治搭不上關係，但是科學的思考習慣，卻對她擔任領導人的從政經歷多有助益。

事實上，在牛津大學修得文學、政治學、自然科學、電腦科學等博士學位的人，一律都獲頒「D. Phil」（哲學博士）稱號。他們至今仍固守「科學家也是哲學家」的傳統。

日常生活中，父母可以多觀察自己的孩子是哪一種類型的領導者。爲了找到適合孩子個性和氣質的領導方式，我們做父母的要記得提醒自己，給予孩子適度的尊重。

22
從說服他人學領導

清楚目的，安排傳達順序

孩子漸漸長大，有時會參加學校活動，在人前闡述自己的想法、爭取認同的機會也會逐漸增多。

向對方說出自己的希望、委託或想法，並獲得接納和認同的說服力，必須從小開始培養，這也將關係到他們未來出社會在職場做簡報的能力。

「有說服力的孩子」，以往總給人有點自大的印象。和大人相比，一般人都會認爲小孩說話常常詞不達意，或表現太過直接，因而大多「小看」了他們的溝通能力。

不過，擅長傳達意思的孩子會受人尊敬，與別人相處也會比較融洽。從這層意義來看，有說服力的孩子比較不會遭到霸凌。

事實上，教育心理學等研究也發現，小孩對於主動幫助自己的對象，不太會產生惡意。因此，教導孩子對周圍的人保持主動積極、良好溝通的態度是很重要的。

為對方準備理解話題用的「盒子」

什麼是「說服力」？

所謂「說服力」，指的是將自己想要傳達的內容，以淺顯易懂的方式有效表達並獲得採納的技巧。

對於想要傳達的事，孩子要先思考並安排好優先順序、避免曖昧不清的說法、運用數據支持個人論點等，這是成年之後也很受用的表達能力。

接下來，我要介紹如何將話題從概要開始，再帶到細節的順序傳達技巧，這是說服力不可或缺的要素。換句話說，先提示話題的主題和目的，之後再詳細說明細部內容，讓對方更容易由大到小漸進式理解。

請想像一下，我們去蛋糕店買蛋糕時，店員會先問「蛋糕的數量」，然後準備剛好裝得下你買的蛋糕大小的「盒子」，再將客人選好的蛋糕一一放進去。這樣的說明，聽者會比較容易理解。

話題的內容越複雜，就越要讓對方的大腦準備好容量相當的「盒子」或先架好「棚架」，再把詳細的資訊一一放進去說明，幫助聽者理解。

先說清楚主題

在此分享我的經驗，以下是某一次我與孩子的對話內容：

孩子：「爸爸，蘋果和草莓我還是都想要。」

我：「你在說什麼？」

孩子：「點心啊。」

我：「今天的點心是蛋糕耶。」

孩子：「不是啦，不是今天。」

我：「嗯？」

孩子：「我不是講過了嗎？下次遠足要帶的東西啦。」

我：「哎呦，那你一開始就要先講『下一次遠足』。」

孩子臨時想起「遠足要帶的點心」，便脫口而出。但是我根本搞不清楚孩子在說什麼，最後才弄清楚是在講「遠足」的事。

我認爲領導者的重要素質之一就是「說服力」。

豐富的語彙、熱情的語氣，都還不足以使人理解和贊同。

能確實說服對方的說話技巧，主題清楚、條理分明、用詞多樣，這才是孩子應該從小培養的能力。

23

從分配角色學領導

精確分配角色，與團隊合力表現

「今天的超級英雄是我喔！」

「我要演學校的老師！」

大家小時候一定都玩過「角色扮演」。

女孩子常想像自己在玩「扮家家酒」，男孩子則喜歡扮演「正義使者」，打倒壞人。

不過，每個孩子當然都希望自己是主角。正因如此，在孩子的遊戲世界裡，「分配角色」其實是件苦差事，角色扮演的遊戲方式與規則看似簡單，其實也關係到領導者養成的特質。

讓孩子親口說出「我在扮演什麼」

根據兒童心理學的研究，孩子從幼兒期到兒童期前半這段時間，「自己最優先」的意識高張，也就是他們多半不會替別人著想。

即使是幾個好朋友玩在一塊，還是會有彼此堅持己見或提出強烈要求的情形發生，有時也難免吵起來。但這種吵架也是一種學習，對方和自己是否帶著一樣的情緒、想像對方的心情和可能受到的創傷，是孩子成長過程中很重要的一環。

正因如此，幾個孩子成群結隊、決定各自立場或角色分配的「協同遊戲」「角色扮演」，對於孩子的成長學習而言，可說是一種重要的形式。

在群體遊戲中，孩子爲了想繼續玩，會想辦法讓遊戲進行下來，就必須試著磨合自己和對方的意見或情緒。這樣的練習對於孩子將來在社會適應及營造良好人際關係上的角色分配與協調能力，會產生很大影響。

另外，協同遊戲的經驗也可以凸顯孩子將來在群體中的領導特質，進而加以培養。

我曾經教孩子們玩「扮演郵差」的協同遊戲。孩子會一起決定每個人要負責擔綱遊戲中的哪一個角色，像是寫信的人、送信的人、賣郵票的人等，和同伴一起討論之後才做出決定。有時大人也加入一起玩，與孩子同樂，學習角色分配和協調能力。

分配角色時必須考慮孩子的發展階段，分發給孩子能力所及的角色，通常我會先示範領導者怎麼當，之後再慢慢讓孩子自己決定該怎麼分配。

父母可不要小看「角色扮演」遊戲。孩子要是演不到自己想要的角色，就會意興闌珊。

我來介紹一個讓孩子無論接到什麼角色都會躍躍欲試的有效技巧，那就是讓他在大家面前說出「意願」（目標），也就是明確說出「我在扮演什麼」。

不僅是小孩，每個人都會為了想做什麼而立下目標，但獨自一人很容易怠惰，對於不想做的事就會心生厭惡。不過要是能讓孩子在大家面前說出自己擔任的角色，他們就會比較願意為自己定下的目標而努力。

換句話說，認清自己的角色責任，就能提升為了目標而主動努力的意願。這在心理學上稱為「公開承諾」，也是成人在職場上常用的手法。

以我先前介紹的「扮演郵差」遊戲為例，扮演領導者（郵局局長）角色的我，會讓其他孩子一一上前向大家說明自己的角色之後，遊戲就能順利進行。

學習分配不同角色

真正一流的領導者必備的特質之一，就是善用所有共事成員，讓每個人都能適才適所，也就是領導者必須發揮精確的「角色分配力」。

牛津大學的教育中，除了有師生「個別指導」之外，也積極推動「共同學習」，也就是透過團隊合作，大家一起提出討論並解決問題。

共同學習首先要決定團隊的領導者，然後再以領導者爲中心，決定成員應該擔負起哪一部分的工作。

團隊成員中一定會有比較擅長蒐集數據和資料的人，或是文筆比較好、比較適合肩負簡報任務的人才等，透過適當的角色分配，每個人都能在共同學習的過程中發揮所長。

反觀日本的學校教育，總是堅持孩子全都要做一樣的作業，過分要求集體表現一致的學習環境，根本沒有機會讓孩子養成團隊合作的習慣。所以日本人才會難以藉由學習過程成爲領導者。

藉著「角色扮演」和「協同遊戲」教孩子學會身爲領導者都應該懂的分配角色方法，將來一定可以找到機會一展長才。

24 從失敗經驗學領導

成爲「三流」領導者

每一個做父母的，都希望自己的孩子將來在人生道路上發揮領導力。

「領導力」雖然只是一個名詞，但其實包含各種能力：依個人意志做出決定的「判斷力」，向同伴傳達想法的「溝通力」，充分理解現狀、發現問題所需的「洞察力」，還有身處困境的「忍耐力」，都是發揮領導力的人身上所具備的特質。

在孩子的世界裡，你也會發現總有些孩子比其他人聰明、跑得快、有喜感。這種孩子多半在玩伴或同儕之間擔任領導者的角色。

從小就有特殊才能、鶴立雞群的孩子，將來的確很可能有機會成爲領導人物。但光是這樣還不夠，孩子其實還需要更進一步經歷「領導者培育過程」。

如何解讀孩子經驗，結果大不同

那麼，所謂的「培育領導者」究竟是怎樣一回事？簡單來說，就是「讓孩子累積成功經驗、產生自信」。

但在此同時，我們必須注意一些事。

每當提到「累積成功經驗」，我們馬上聯想到的可能是「每次比賽都贏」「每次都考好成績」，做什麼都「順利成功的經驗」，但其實並不是這麼一回事。

「成功經驗」要依孩子自己或父母如何去解讀每一次的經驗而定。

比如說，假設你的孩子在幼兒園賽跑得最後一名。對孩子來說，得最後一名是「很難過的經驗」。

但如果父母能夠像這樣解讀的話，結果可能會不一樣：「賽跑輸了眞可惜，不過，這樣你才有機會想下次怎樣跑才不會輸啊。」再鼓勵孩子：「下次我們一起去練習。」相信孩子一定能夠找回自信，重新振作。

家長要盡量爲孩子的每一次經驗做正面解讀，這就是建立孩子自信的基本養分，甚至可以說所有別人眼中的「失敗故事」都是「成功經驗」。

領導人該有的「三流」態度

如果孩子一失敗就耿耿於懷，那就告訴他要成爲「三流」領導者。

《朝日新聞》早報有哲學家鷲田清一的連載專欄「讓人生轉折的一句話」，也同時舉辦向國、高中學生徵稿的「讓我人生轉折的一句話比賽」，我曾經看過一個中學三年級學生的作品，令我印象深刻。

當他爲輟學煩惱時，級任導師對他勉勵的話，讓他鼓起勇氣，重新振作。

「成爲一個『三流』的人。難過的時候儘管流眼淚，全力運動盡情流汗。第三個『流』，就留給下次的機會吧。」

這裡說的「三流」，並不是指在特定領域中表現不出色的人，而是一個人面對困難時應有的三種「流」的態度。

這個學生把第三種「流」定義爲「從善如流」，他也解釋這是「保有柔韌堅強」的意思。所謂「三流領導者」指的就是懷有這種態度的人。

父母不能爲孩子一一挑選經歷的事，現實中也不可能永遠只讓他們得到好的經驗。這時要讓孩子知道，每一次經驗要如何解讀才會變成自己的「寶物」，這就是培養領導者特質的過程。

25
從繞道學領導

有時「繞道」反而離目標更近

最近都不太常聽人說要「繞道」或是「順路」去哪裡。

我小學的時候，放學繞去別的地方玩一下，是很稀鬆平常的事。現在的孩子忙著補習或上才藝課，父母叮嚀放學要馬上回家、卻繞去別處玩的孩子已經越來越少。

每天照表操課的生活，把孩子都給壓得喘不過氣來。反觀大人，偶爾下班後還會找同事一起去聚餐喝酒，或是順路去買個東西。

有時臨時起意的行動，其實是放鬆的好機會。孩子如果每天都有一段時間可以放鬆心情，也才有機會靜下心來回想今天生活的種種，整理情緒再出發。

目的志向型 vs. 好奇心主導型

東京大學教授、理論物理學家上田正人的著作《思考力，不是執行力！：東大超人氣的「人生基礎方程式」思考課》中，有一段發人深省的話。

人通常在思考問題或課題時，總是朝著目標思考直線解決的方法。當然，這是最短距離，但必須是完全沒有障礙、一路暢通、直達終點的情況之下，才可能成立。

然而，在還不清楚如何才能找到解決方法時，「繞道」有時反而可以加快速度。

二〇〇五年的諾貝爾物理學獎得主亨施（Theodor Wolfgang Hänsch）博士常用「公雞與小雞」的幻燈片，說明「繞道」的效果。

公雞看到籠子外面有飼料，無奈去路被籠子擋住，伸長了喙也啄不到。而小雞可以自由活動、到處亂跑，不一會兒就從籠子的縫隙跑出去，這就吃到飼料了。

亨施博士的研究說明，朝著目的直線前進的公雞行動，稱爲「目的志向型」（Goal oriented），而隨著好奇心自由探索的小雞行動則稱爲「好奇心主導型」（Curiosity driven），他特別強調小雞行動的重要性。

將小雞行動的重要性套用在觀察孩子的日常學習，道理也完全相通。當孩子無法獨力解答問題，卻還是被迫坐在書桌前、瞪著參考書幾個鐘頭，結果不但累垮了大腦，效率也大大降低。

如果套用在人的「學歷」，是否也是一樣的道理呢？

比如說，許多人將來想成爲頂尖的ＩＴ工程師，不僅進入大學相關科系學習，也獲得許多知識和技術；但是他們一旦遇到難題，便開始鑽牛角尖，非找到答案不可，反而陷入思考停滯的狀態，只因世上有太多問題，只靠有限的知識根本無法應付。

半路出家學歷史的IT工程師

以我的經驗爲例，我有一些眞正一流的ＩＴ工程師朋友，他們的學歷都不會只侷限在自己的專業領域。

我在牛津大學求學時，有一個從美國來的朋友，他大學專攻理工，之後進研究所碩士班學歷史，博士課程又回頭專攻理工，並且取得學位。

根據他的說法：「一直在同一個領域學習，視野會變得狹隘，所以我去讀歷史，探討人類思考和行動模式的根本，拓展我的視野。」

眞正一流的人才會將「逆境」和「困難」解讀爲上天賜予的考驗，即使必須「繞道」，他們也會設法越過。

雖然難免遭逢逆境的考驗，但他們可以透過「繞道」的磨練，憑藉多種經驗和不屈的精神克服困難，使身心變得強韌。

與其要孩子提早接受升學考試競爭，爲求合格，鎭日過著「一直線」前進的生活，不如重新考慮讓孩子「繞道」而行。

如果孩子從年幼時就爲了升學考試苦讀，他們就只能在有限的知識範圍中觀察與學習事物，而沒有辦法學到在全球化時代生存所必要的各種能力。

最近各先進國家都在推廣讓小孩在青少年時期就出國留學，或是體驗自己興趣以外的職業。

培養這些習慣，必須迎合孩子的心情或興趣，特意安排不受任何拘束的時間，讓孩子可以自由自在帶著好奇心嘗試，或許可以爲他們的人生帶來新視角，進而豐富心靈。

26 從模仿學領導

找到你心目中的楷模

在我小的時候，棒球是很受歡迎的國民運動，只要電視轉播我喜歡的球隊賽事，我幾乎全部收看。

最不可錯過的就是「巨人對阪神」的宿敵對決，比賽播出的日子，我們一定是全家集合，守在電視機前面加油。

到了學校也是和一群朋友聚在一起熱烈討論「想成爲像○○那樣的選手」，爭相模仿明星球員的打擊姿勢或投球方法。

然而和國外比起來，最近在日本要收看無限電視轉播體育節目的機會變得非常少。

除了世界盃足球賽、奧運等受歡迎的特定賽事以外，日本孩子要在電視上看到頂尖運動選手比賽、從中獲得啓發的機會眞的比較少。

當然，衛星電視頻道會轉播各種比賽，但多半不是要付費，就是選在深夜時段播送，不是所有孩子都能夠收看。這樣下去，讓人不禁憂心日本該如何培育肩負國家未來的運動少年少女。

想成為像那樣的人

不只體育方面，音樂家、作家等，每個人心中都有一個「希望自己能像他一樣」的「楷模」。

「楷模」就是一個人心中希望成爲的典範，模仿對方的技術或一舉一動。

在教育學與認知行爲學的研究發現，孩子成長過程中是否有一個熟悉的楷模，對其教育成果會產生十分重大的影響。

最近許多學校流行的做法，就是邀請在各行各業第一線擁有出色表現的成功人士，到校園裡與學生面對面分享他們的經驗或與學生對話，做爲職業教育的一環，以此提升孩子的學習動機，激發潛能。

內馬爾、羅納度、「小羅納度」羅納迪諾等世界知名巴西足球明星，都是以世界球王比利爲榜樣努力過來的。而後輩對他們的憧憬，又孕育出新一代的明星。

一個眞正的楷模不只在運動場上發揮影響力，也在各方面成爲人們心靈的支柱。

「觀摩明星選手的球賽，不只能磨練球技，也可以學習團隊合作和社交能力這些生活上的重要技能，讓我們更有自信心。」

羅納迪諾接受電視節目採訪時說的這段話，就是最佳寫照。

向容易模仿、產生共鳴的楷模學習

那麼，我們該如何找到心目中的楷模呢？

找一位一流的菁英想要仿效他，很可能與自己的實力相差太過懸殊，反而害自己退縮不前，因為「根本學不來」！

我認為選擇楷模的標準應該是「容易模仿×共鳴程度」。

「容易模仿」的短期效果顯著，是立即付諸行動的原動力，而「共鳴程度」則是中長期持續仿效下去的力量，就像是向前推進時必要的燃料。

牛津大學各學院的圖書館和食堂牆壁上，都掛有歷屆傑出校友的肖像。

牛津最有名的基督堂學院食堂（因電影「哈利波特」而聞名）牆壁上就掛著《愛麗絲夢遊仙境》的作者道奇森（Charles Lutwidge Dodgson，筆名路易斯．卡羅）的肖像畫。《愛麗絲夢遊仙境》中出現的可愛動物也都出現在彩繪玻璃上，舒緩學生平日緊張的心情。

牛津學生在早年偉大前人的陪伴和守護之下學習，也會不由自主感受到自己好像受到特別的關注，勉勵自己要更加努力。

許多人都認爲父母能不能成爲孩子的「楷模」，會對孩子的教育影響深遠，但事實上父母不可能在方方面面都成爲孩子的典範。

那就讓孩子多去接觸各個領域的楷模。

實際帶孩子去觀賞比賽或音樂會，親眼看到心中的楷模傑出的表現，孩子因此發現「憧憬的自己」而試圖接近的過程，這對於發展孩子自我實現的個體意識可說是至關重要。

除了親炙大師的表現或演奏以外，孩子也可以多觀察舉辦賽事的運動場館或音樂演奏廳裡的氣氛，以及其他觀衆的言行舉止。

當孩子心生感動，那一刻的緊張感、現場的歡聲雷動，就讓孩子充分體驗當下氛圍，豐富他們的感性心靈。

觀賞完比賽之後，父母可以和孩子分享心得感想，孩子藉此會更清楚自己眞正憧憬的目標。

27 從做夢學領導

讓孩子說出一百個夢想

「最後當上博士或是內閣官員。」

日本人一直到二戰過後的經濟高度成長期，都是以這樣的心態期許小孩的未來。

曾經一度流行過的「三高」：高學歷、高收入、身材高，過去是女性擇偶的最重要條件。

然而社會一直在改變，現在的孩子嚮往工作、戀愛等多采多姿的生活、夢想或希望，過去流行的種種價值觀，已經不合時宜了。

現在雖然不流行「3高」，人們卻開始追求「3C」：「Comfortable（舒適）」「Communicative（能溝通的）」「Cooperative（可協調的）」。

具體想像未來的夢想

孩子要想實現未來的夢想，什麼才是最重要的事？

每天的努力固然重要，但其實還有更重要的一點，那就是「想像夢想」。心理學或認知行爲學領域對於「想像夢想」的重要性有諸多研究。人藉著想像，可以讓夢想更具體的進入自己的潛意識，精神和身體都會爲了實現夢想而動起來。

想像夢想達成的時間點至關重要，大致可分成以下三類：

① 實現夢想前的狀態。

②夢想實現的那一刻。

③夢想已經實現的狀態。

上述三種狀態都屬於朝向未來驅動的潛意識層面，而其中第三點對於實現夢想有很大的幫助。

對於眞正一流的社會領導人物，夢想就像是他們人生的羅盤。他們藉由想像成功的具體目標，思考該採取的行動與最少的步驟，清楚想像夢想實現以後的狀態，讓自己更積極向前邁進。

重視考上大學的日本vs.重視大學畢業的牛津

牛津大學的學生與日本的大學生對於「描繪夢想」的認知有著極大的差異。

日本的學生一心想「考進」好學校，換句話說，他們是爲了「夢想實現的那一刻」而努力讀書考上大學。

而牛津大學的學生則是仔細思考「想學什麼」之後才入學的，也就是說，大部分學生都重視「夢想已經實現的狀態」。

假設日本學生的夢想是「考上大學」，牛津大學的學生則認爲「大學畢業」比較重要。在大學學到的知識，會直接關係到將來的職業選擇。如果以爲只要進了牛津大學就可高枕無憂，那可是大錯特錯。

牛津大學裡應該沒有學生只是嚮往大學的「名字」，想進牛津就讀的人，都會先在心裡想像進大學後要多努力。但在日本有很多大學生，到大三了都還不知道自己將來要做什麼。

我認爲對將來要想在社會上大放異彩的年輕人來說，「夢想」不應該只有一個。

趁著思考還很有彈性的孩童時期就盡可能的做夢，讓自己對於未來有更多的發想和創意。

第十個之後的夢想更有價值

我在大學上課時，都要學生盡量寫出「我的夢想」，想到什麼就寫什麼，結果卻耐人尋味。

當我指示「寫出一個夢想」，大家都寫「進一流企業」「在國際機構工作」「開公司」，都是一些每個大學生都會有的普通願望。

但事情還沒完，接著我要學生「寫出一百個夢想」。

一開始大家都遲疑了，有人絞盡腦汁，才好不容易才寫出十個，「找到好對象結婚」「買豪宅」等，但這都還算是現實世界隨處可聞的願望，任誰都能輕易想到。

我覺得列到第十個之後的夢想才更有價值。

我又耐心多等了一下，超過五十個左右時，「想孝順父母」「珍惜好友」「把街坊打掃乾淨」等等，關心起身邊小事的「小小夢想」或願望就陸續出現了。

年輕人的這種小願望，才是我所重視的。

我並不是在否定「出人頭地」的夢想。

我們當然應該鼓勵年輕世代要懷有「偉大夢想」，這是天經地義的事。重要的是，當我們聽到「夢想」時，不只是因爲與自身有直接關係，「珍惜他人的心」才是最重要的。

有這份珍惜的心，年輕人才能爲人類幸福描繪出夢想。

我也深信，因爲有了關愛別人和互助的夢想，孩子才能成爲理性、冷靜的人。

28

從努力過程學領導

過程更勝於結果

最近常在社會上聽到有人強調「結果才是一切」。

不知是否眞是如此，還是只有我這麼認爲，總覺得好像無論發生什麼事，只在意結果的人似乎越來越多了。

當然，對於在職場或體育界表現傑出的人，「結果」和「數字」就是一切，這一點無庸置疑。不過這樣的結果，也只能代表他們「嚴以律己」而已。

「結果如何如何」這種話如果是對自己說的話，這樣的自我要求倒也無妨，但如果是對別人，尤其是對孩子說的話，那問題可大了。

因爲這表示我們無視孩子的處境或努力的過程，只關心結果，其他一概否定。老是失敗、碰壁、煩憂的孩子是不會成長的。

重視結果卻無視過程，影響孩子對自我的肯定

臨床心理學家貝德納（Richard Bednar）與彼得森（Scott Peterson）在關於「自尊心」的共同研究中主張「因應（coping，明知有失敗的可能，但仍積極面對處理）」的能力，可以強化一個人對自我的肯定程度。

凡事訴諸結果論的人，會因爲害怕失敗而不敢挑戰，這會在無形之中對自己的內心發出「自己沒有能力應對種種困難」的訊息，影響自我肯定感的形成。

但如果能不在意「結果」，而是在「過程」中勇於挑戰困難，「不怕失敗」「跌倒了再站起來」的訊息將會直達內心深處。

我曾經在孩子比籃球賽時看到這樣的情景。輸球的孩子眼眶泛淚，教練對他們說：「下次比賽打贏就好了。」

我自己小時候打棒球也曾有過類似經驗，後來也實際對自己的孩子或指導的學生說過同樣的話，然而現在的我很認真在反省自己過去的做法。

你真的很努力

孩子到了三、四歲時，就要上托兒所或幼兒園。第一次過團體生活，每天都開開心心上學去，孩子雖然和小朋友、老師相處融洽，但他們也和大人一樣，會覺得團體生活其實挺累人的。

孩子放學回家後，就讓他們好好放鬆心情。孩子的世界也和大人一樣，有合得來的朋友，也有合不來的同學。

無論結果是好是壞，孩子也是很努力認真過每一天，父母在對他們說出「下次要有好結果」之前，應該先好好稱讚一下：「你真的很努力呢！」

「你已經很努力了」「看你這麼認眞，我眞的很高興」，聽到父母這麼說，孩子會「再努力看看」，就算結果不好，也能肯定自己。自我肯定是孩子將來健全成長、成爲優秀領導者很重要的條件。

有人說，好的領導者就該「拿出好成績」，證明自己的能力，但要求他們每次都做到這點，其實並不容易。換句話說，領導者應該是「能夠努力不懈，直到交出成果的人」。為成功或完成任務而再接再厲的堅強意志，才是領導者必備的能力。

眞正一流的人遇到結果不盡如人意時，既不會爲自己找藉口，也不會怪罪別人。不論結果如何，他們都會負起責任，並用「這句話」表示自己今後會更努力的意思。

使用「嚴以律己，寬以待人」的話語，就是領導者的基本特質。

29 從故意讓孩子失敗學領導

教孩子「不跌倒」，不如教他們「怎麼站起來」

最近的大人幾乎都用「未雨綢繆」的觀念在教養孩子。什麼都先替孩子想好、手把手指導，就怕他們失敗。父母這樣教，孩子雖然不會出什麼大差錯，然而這樣是培養不出孩子自己思考、設法解決事物的能力。以長遠的眼光來看，孩子將來也會缺乏帶領團隊的領導力。

從經驗中學習的阿德勒教養

奧地利精神科醫師、心理學家阿德勒理論的作品，近年來在日本十分暢銷。阿德勒透過各種實驗，強調教養孩子最好的方法就是讓他們「從經驗中學習」。

父母如果想要實踐「阿德勒教養」，那麼只要不會造成太嚴重的傷害，讓孩子學習跌倒後自己站起來的方法，最合乎阿德勒的理念。

孩子必須抓住什麼再站起來。這是我們對孩子的信任，他們也很容易察覺。

我一直強調，牛津大學的教育目的是在培養學生「自由的個性」，使其開花結果。

學生入學之後，馬上就要面臨嚴格的學問試煉，在各種困難阻礙中成長。過程中教授沒有讚揚，有些批評內容甚至尖銳又辛辣，背後真正的目的，就是要讓學生體驗挫折的感受。

換句話說，教授絲毫不吝於給學生許多難題，讓他們盡情試誤。但當學生眞的遭遇「挫折」（學習遇到瓶頸）時，又會很自然的伸出援手。

如果學生說：「我沒辦法一星期讀幾十本書。」教授就會建議「先看目錄」「一開始先看最後一章」「找出作者寫文章的習慣」。

這些教授都是研究學問的過來人，熟知在求學之路上「跌倒後要怎麼站起來」。

故意放手學習法

大人「未雨綢繆」的觀念其實會阻礙孩子成長，應該盡可能減到最低。不過，我們必須教孩子跌倒後怎麼站起來。「怎麼站起來」換個方式講，就是父母「如何支援或協助」孩子。

孩子到了二到三歲大時，就會進入興致勃勃、什麼都想自己來的時期。在這個階段，只要孩子願意嘗試，父母就應該放手讓他們去做，從中學習「跌倒後怎麼站起來」。

我常和孩子一起站在廚房，讓他們學習做菜。有一次我們決定晚餐吃餃子，我就讓孩子假裝自己是烹飪節目的主廚，一起幫忙。除了切菜等動作由大人來操刀之外，餡料的調味和餃子的包法，我都讓孩子做主。

我還記得孩子第一次包餃子時，笨拙的把餡料放上餃子皮，還包成各種奇形怪狀。我看孩子洩氣的樣子，先忍住不出手幫忙。

我讓她們先停下來，把包好的餃子拿去煎。收口不夠緊的、塞太多餡料的，一下鍋就全散開了。

我刻意讓孩子親眼看到失敗的餃子是什麼樣子，然後再教她們怎麼包，下鍋時才不會散開。也可以趁這時候讓孩子試吃，嘗嘗味道，教她們如何調味。

像這樣先讓孩子經歷一次失敗，再教他們下一次可以怎麼做，孩子就會認眞思考，爲成功想出克服問題的方法。這時再好好稱讚一番，孩子會越來越有自信。

有時候我們也要尊重孩子的做法，好好守護，這才是最重要的。只要最後順利完成了，孩子就會更有自信。

即便失敗了，經歷這些過程的孩子也才會知道大人說得對。無論如何，孩子都能從中得到啓示。

在這個過程中，大人一定要忍耐。雖然父母可以觀察到孩子認眞努力的過程，但同時又一定會覺得「我自己做還比較快」！要父母忍住不出手，靜靜觀察孩子進行，大人其實也很有壓力。

「失敗是成功的基礎」「失敗爲成功之母」，人一定要經歷失敗，才會成長茁壯。

大人一直擔心孩子失敗，小孩也會覺得失敗是不好、丟臉的事。不如就放手讓孩子體會幾次「跌倒」的經驗吧。

30

從挑戰難題學領導

讓孩子多做「好像會又好像不會」的事

我曾經在英國看過一位學校老師，在電視上訴說自己對死背教育的不滿。他說，有的孩子認爲，與其深入思考事物的本質，死背的技巧更能得高分；在考試問題還很單純的學習階段，抱持著這種觀念的孩子還可以考出好成績，但當問題變得複雜、必須嘗試理解其本質時，孩子就很可能迷失學習的方向。尤其當孩子發現自己的學習技巧不再適用時，就會突然對學習失去自信。

這位老師還說，如果孩子讀書只靠小聰明，就不會發現自己原本具備的發展潛力，學習動機也會相對變得低落。

不是所有事都得教，孩子才能學會

俄國心理學家維高斯基提出「近側發展區間（ZPD：Zone of Proximal Development）的概念。孩子與旁人（同伴等）的關係之中，存在有「可以獨力完成和無法獨力完成的領域」，這對孩子的發展和教育是非常重要的概念。

簡單來說，「近側發展區間」就是指孩子的能力潛藏著兩種發展程度的「空間」，一是孩子「可以獨力完成某項課題的能力程度」，一是「孩子可以藉著與其他能力較強的人合作，來完成某項課題的能力程度」。

比如說，以解數學題目爲例，孩子如果可以自己解題，屬於前者；至於無法獨力解出的數學題，孩子需要找大人或比自己能力強的朋友來合作解題，或是看參考書找提示才能解題，就屬於後者。

維高斯基的論述是，在這兩種「空間」之間，充滿了各種孩子發展能力、

■維高斯基的近側發展區間

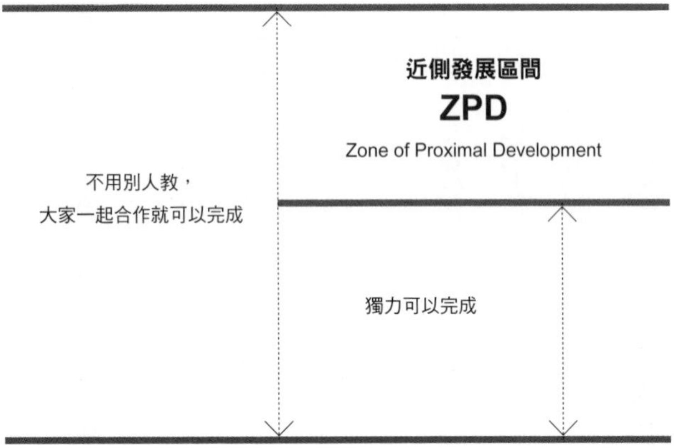

發揮才能的可能性，而設法從這個空間去延伸孩子「從不會到會」的能力十分重要。

在日本的學校，學習者（如學童或學生）只能藉由他人（如老師）的教育完成學習，孩子被這種既定觀念所囿限，若跳脫這個模式自主學習，很容易就會放棄，因爲他們往往認定「自己無法獨力學習」。

有些事情，孩子的確沒有他人協助就無法完成，但其實也有些事情孩子無需借助他人幫助，也能自個兒獨力完成（理解），但日本的孩子和家長似乎都沒有注意到這種區別。孩子的發展和能力的發揮，不是只能透過學校教育才能得到成長。

那麼孩子的「近側發展區間」該如何開發呢？

其實很簡單，就是讓孩子「嘗試難一點的事」。換句話說，多讓孩子嘗試「好像會又好像不會」的課題或作業，這對他們發展能力十分重要。

是「誰」協助你？又「如何」協助你達成的？

你都讓孩子做什麼課題？你總是幫孩子做他已經會做的事嗎？因爲太害怕失敗，所以不讓孩子嘗試超過他能力所及的事？

我想說一個小時候的故事。我的父親出生於昭和初年，他是一位個性開朗，對孩子非常包容的父親。在他成長的年代，上大學的比例不像現在這麼高，而他是從國立教育大學畢業的高材生。

父親的教育方針就是「讓孩子嘗試難一點的事」。

說來慚愧，我一直到小學一年級都還不會游泳。每到夏天，哥哥、弟弟和同學都會去游泳，而我只能站在一旁乾瞪眼。

有一次，父親看我只是泡在游泳池裡，連把臉悶進水裡都不敢，便隨口說：「你閉上眼、捏著鼻子潛下去，把游泳池底下的果汁罐撿上來。」

大概是因爲我想喝果汁，便鼓起勇氣沉下去。就像平常撿起地上的果汁那樣，我整個頭潛到水裡去，把父親刻意沉入泳池底下的果汁罐給撿起來了。

沒想到就在這一天，我解除了對水的恐懼，升上二年級後，我變成全學年最會游泳的小孩。

現在回想起來，父親將我「對水的恐懼」改用「撿果汁罐」這個比較容易達成的行爲代替，提高我的學習動機，讓我克服了對水的恐懼。

如果當時父親硬是把我的頭壓進水裡，情況又會如何呢？

父母如果想在學業和才藝課上提升孩子的能力，可以給他一項「可能會又可能不會」的新課題，刺激孩子的好奇心，就能夠有效吸引他的興趣或關注。

父母也可以讓孩子根據過去的經驗，寫出三件最能感覺到自己能力提升的事。然後在旁邊寫下：是「誰」協助你？又「如何」協助你達成的？

寫好後貼在顯眼處，隨時看一下。下次當孩子面對新問題時，讓他先思考過去的經驗，是否能應用在解決新問題之上。

維高斯基「近側發展區間」的發展順序是由外向內打下基礎。身處在社會當中的孩子身心能力的發展（思考或語言等），是先藉著大人或比自己能力更高的人協助或互動，而後才達成的（也就是從「外側」）。

接著再往孩子可以獨力完成的方向，延伸長出新的能力。大人要先分享自己的成功體驗，再謹慎面對孩子「發展空間」的各種可能性。

CREATIVITY
OXFORD

第四部 牛津式「創造力」教養法

31

創造力來自想像力

撒下想像力的種子

每到初秋，我們家院子裡的無花果樹就會長出小芽，很快就膨脹起來，然後結成好吃的果實。隔年，爲了讓無花果樹再結果，修剪時必須保留一些樹枝，就又會繼續開花結出更多果實。

跟孩子們在一起時，我經常被他們意想不到的創意和行動力嚇一跳。就像無花果的果實快速膨脹增長一般，看孩子運用自由的「想像力」遊玩，我也在不知不覺中笑容滿面。

這樣的想像力會發展成創新時所需的「創造力」。本部將解說牛津大學如何啓發學生的「創造力」。

不折斷孩子想像力的嫩枝

孩子們在每天的遊戲中培養想像力。所謂想像的能力，是一種對於即將發生的事，或是同伴會有什麼感受的預測能力。

不過，有時候孩子這種美好的想像力才剛長出嫩枝，就被大人無情折斷。如果孩子的想像太過天馬行空，父母馬上用大人的理性思維予以否定：「你在做什麼白日夢！」

想像力的嫩枝才剛長出來，聽到大人這麼說之後，孩子原本神采奕奕的表情就瞬間蒙上暗影，不再多說什麼。

孩子其實很在意別人對自己的想法有什麼意見，或是自己說的話對別人有什麼影響。如果自己原創的發想內容得到大家認同，孩子就會欣喜若狂，逕自盤算下一次也要想點什麼花樣讓大家大吃一驚。

想像力是偉大創作的基礎，也是孩子將來出社會必備的能力。然而令人遺憾的是，日本的學校制度從不指導孩子自由想像，更不會任其發展。結果培養出許多高學歷卻沒有想像力、或是不懂得如何運用想像力的人。

一直到大學畢業，我都是在日本受教育。我一直以為「日本教育世界第一」，因為當時的日本是經濟大國，甚至超越美國成為世界第一，其幕後功臣都是日本學校教育培養出來的人才，日式教育自然也受到全世界關注。

大學畢業後，我決定出國留學，先是去美國三年，接著又到英國四年。我是去國外讀書後才深切感受到，日本人的發言清一色就像教科書上寫的那樣，雖然內容正確無誤，卻缺乏洞察力和獨創性，也沒有深度。

在全世界頂尖菁英輩出的英國牛津大學，我得到的指導有別於日式教育，學生都必須絞盡腦汁、發揮想像力，為自己的意見做論述。對於從世界各地匯集到牛津大學的學生來說，「想像力」就像通行所有學問領域的護照。

在國際舞臺上，多數人都認爲從日式教育制度產出的學問或培養出來的商務菁英，普遍缺乏或是不願運用想像力。

但對此我有不同想法。日本人也想運用想像力，只是用得不好而已。

愛畫什麼就畫什麼吧！

父母要對孩子撒下想像力的「種子」，讓孩子體會想像的樂趣，培養獨立思考的習慣。

爲此，大人要適時給予孩子一些溫暖的鼓勵。

孩子的想像力本來就很豐富，但要如何表達出來，端看大人怎麼鼓勵他們。

比如說，孩子拿著蠟筆畫圖。

「愛畫什麼就畫什麼吧！」這句話很重要。當孩子畫完，記得問他「這是什麼？」，就算畫得不像，孩子也會回答：「蘋果。」

幾次反覆下來，孩子憑著想像：「畫那個吧。」開始帶著目的去作畫。等他畫得好一些了，要他「畫很多圓圈」，給予一些靈感，把想像力激發出來，孩子就越來越會表現。而當孩子完成作品後，也不忘稱讚「你畫得很好喔」！

對於孩子的發想和行動，大人要能夠自然而然說出「好有趣」「好棒喔」，這樣的鼓勵就能激發孩子的想像力。

親子一起同樂、共享，就像溫暖的陽光照在植物上一樣，孩子的想像力也會像樹上的枝芽成長茁壯。

32 創造力來自放手玩

視線可以不離開，但一定要放手

「想怎麼玩就怎麼玩吧！」

我小時候一聽到老師或父母這麼說，都會高興得跳起來。

但是最近，越來越多孩子聽到大人這麼說，也不知道要怎麼玩。原因是現在孩子越生越少，父母都不敢讓他們遠離自己的視線，還有各種各樣的現成玩具，小孩不用動腦筋也有東西玩。

尊重孩子想玩什麼

家長看著孩子玩耍，常常忍不住提醒「很危險，不行」！或是「用這個玩」！

有專家就指出，這種做法可能阻礙了孩子自由自在的遊戲。還有些家長認爲，孩子應該以讀書爲重，這也限制了孩子的行動。

一項針對日本大約一千名育有二十歲到二九歲非在學子女的父母所做的「兒童突破難關經驗與教養實況調查」（〈愉悅式學習——幼兒遊戲與學習專案〉調查），報告的數據顯示，考上所謂「難關大學（很難考上的頂尖大學）」的人，比沒考上的人在小學入學前玩得更多，或是專注於個人嗜好的比例更高。

針對「關於就學前孩子的教養方針，父母都著重在哪些項目」的各項提問中，曾有突破難關經驗的人（樣本數三一六人），與未曾有突破難關經驗的人（樣本數七二四人）的回答比例如下：

● 讓孩子盡情玩耍

曾有突破難關經驗的人　三五・八%

未曾有突破難關經驗的人　二三・一%

● 讓孩子盡情專注於興趣或嗜好

曾有突破難關經驗的人　二四・一%

未曾有突破難關經驗的人　十二・七%

根據進行這項調查的專家表示，盡情玩耍可以學到各種能力及對事物的見解，有助於強化孩子日後的學習意願。

而關於這些孩子的家長都「怎麼讓孩子玩」，回答「尊重孩子自己想玩什麼」的家長則占多數。

孩子在看似尋常的自由遊戲當中，不知不覺就養成了探究心和專注力，充分的自主性也促成學力向上提昇的結果。

看著孩子攀高

如果大人總是跟在身邊，凡事都要干涉孩子的意向，就無法培養最重要的學習意願。所以孩子遊戲的時候，家長即使視線不離開，也一定要放手。

我曾經訪問過美國一所知名的幼兒園。

在觀察孩子們玩爬竿時，我注意到老師只是氣定神閒看著孩子盡情攀高。只有在孩子要從攀爬架下來時，老師才說「要小心」！這一幕令我印象深刻。因爲從高處爬下來時，有些孩子難免注意力鬆懈，所以老師才會提醒他們。

我想這位老師應該是先預設了遊戲的容許範圍，「只要在範圍內，都尊重孩子的自主性」。

孩子開始遊戲，家長就要放手讓他們盡情玩耍。或許會受點小傷，也或許弄得滿身泥巴，只要孩子玩得開心，家長就在一旁守護他們就好了。

當然，如果孩子或小朋友做出危險動作，大人還是必須介入制止。

現在已經看不到孩子在戶外開心玩耍，遊戲場所真的限制很多，而社會的變化也的確讓家長不得不盯緊孩子。

不過孩子遊戲的時候，父母眼睛可以緊盯，但一定要放手。盡可能尊重孩子的自由，靜靜支持他們拓展活動的範圍。

33
創造力來自尊重不同

欣賞每一個孩子的個性

什麼是「個性」？

突然被人這麼一問，你是否也覺得好像答不太出來。

所謂「個性」，就像是每個人內在的「性格特質」吧。個性不只是與生俱來的氣質，成長過程的環境、成年後的自我意識，也都是個性成形的因素。一個人的「個性」不是他人能輕易改變或抹煞的。

每個做父母的，都希望加強孩子的個性或優點，但很多人卻在不知不覺中摧殘了孩子獨特個性的嫩芽。

該怎麼跟孩子相處，才能將孩子的優點激發到最大呢？

是缺點也是優點

要發現並拓展孩子的個性，最重要的是「懂得欣賞」。

孩子隨著與人交流互動的機會越來越多，個性也會越來越鮮明。與同年齡的孩子相比，「我的孩子好像比較軟弱」或是「好像很任性」這樣的想法，讓家長難免擔憂起自己孩子的未來。

大家似乎都只注意缺點，好像不會從優點來看孩子的個性。其實依看法不同，個性可以是優點，也可以是缺點，每種特質往往都是一體兩面。

在父母眼裡，孩子「好像有點任性，不懂得替別人著想」，但實際上可能是「積極活潑」。而「鑽牛角尖」孩子的另一面，其實是「慎重考慮，才採取行動」。

據說，已故的美國前總統甘迺迪小時候體弱多病又愛鑽牛角尖，也不愛跟別人一起玩，只喜歡自己玩。

甘迺迪的母親雖然擔心，但她沒有急著強迫孩子參與團體活動，而是靜靜觀察孩子在做什麼。

她發現孩子有優秀的專注力，凡事都謹慎以對，她決定給予認同，並任其發展。

看到孩子喜歡獨自玩積木或畫圖，這些遊戲的確不需要和別人一起玩，家長難免會擔心孩子個性「孤僻」，但事實上，喜歡玩這類遊戲的孩子，往往都是「願意花時間慢慢建構事物」的聰明孩子。

我問過許多從事研究的朋友，他們大多是從小就很喜歡專注規畫事情的過來人。

互稱名字、認同每個人個性的牛津學風

在牛津大學，教授和學生都互相稱對方的名字（First name），這在日本根本是不可能的事。

這個習慣背後的意義，就代表了每個人的個性在此都能受到尊重。

某天上課時，教授稱讚我的點子：「很有昭人特色的發想呢！」怎樣才稱得上是有我的個人特色？連我自己都不知道。但教授透過在課堂上與學生的互動，對每個人的思維都瞭若指掌，並且刻意安排學習機會，讓學生自由發揮各自的個性。

孩子要先有自信，才能依個性發揮所長。所以父母應該盡可能肯定孩子的個性，由此投注關愛。換句話說，要「懂得欣賞」自己的孩子，才能豐富他的個性。

我常在諸多場合聽到大家奉勸家長要「尊重孩子的個性」，但實際上日本的學校和社會文化卻正好相反，要求孩子「照規矩來」的情形並不少見。還有

嘴上說孩子「要有個性」，卻沒有讓他們接受過適性適才的教育。

孩子在幼小時得到越多父母的關愛，就越知道自己是重要的，自信便由此而生。即使孩子可能和別人有點不同，只要父母傳達關愛之情，孩子就知道自己的價值，這就是適性發展的起點。

越沒有自信的人，越需要群體的保護，一旦進不了分數較高的學校或是大企業，就沒有安全感。只要孩子有自信，就不必顧慮旁人眼光，可以盡情發揮。

34

創造力來自熟悉日常「數字」

用創意數學解決生活問題

根據國際數理科教育動向調查結果顯示，日本「對數學有興趣，認爲有助於解決日常生活問題」的孩童比例，遠比其他國家還要低。儘管日本學童的數學成績遠超過其他國家。

這項調查結果顯示的現象，是日本孩童因爲有入學考試等壓力，雖然覺得「數學很重要」，但讀起書來卻心不甘、情不願的。

從生活親近數學

相信也有爲數不少的家長回想起自己的學生時代，認爲「如果數學和考試無關，對實際生活又沒有幫助，根本就不想唸」。

日本學校的數學課重視的是公式和計算方法的背誦、迅速解題的技巧等，所以孩子普遍不清楚數字的實用性。

反觀國外，解決問題的相關教育及研究盛行，最近還特別關注「數字」。

「怎樣才能賣得更多？該從何處著手？」

「我這麼認眞解釋，怎麼還是聽不懂？」

這些都是孩子將來出社會必須面臨的問題。現在有人提出用數字來解決問題的技巧，在商務上已有實務應用。

印度有衆多ＩＴ技術人才活躍於世界舞臺，早已遠近馳名。推廣印度式算術法的戴許龐迪（Niyanta Deshpande）在其著作《印度式簡單算術》中教孩子愉快學習，培養「數學腦」的秘訣。

日本的學童要學習個位數字的九九乘法，而印度從幼兒園開始，孩子就在學校和家裡學習十位數字的九九乘法。

他們有各種學習數學的方法，使用道具刺激眼、手、耳、腦等身體各部位的感官，在遊戲中愉快暢遊數學世界，深入理解。

從分配點心學數學

孩子到了二到四歲階段，會慢慢對數字產生興趣，這時不妨在生活中帶入數字，讓他們習慣。

不要拿數學練習簿強迫他們接觸，而是透過遊戲或培養習慣去親近「數字」。

比如說，讓孩子從學習「分配」開始，增加他們對數學的關心。

我有一個朋友在牛津大學研究數學，我問他爲什麼對數學這麼有興趣，他回答說：「我的父母讓我從小就自然而然培養使用數學的習慣。」具體的做法像是用餐或點心的分配，大人會交給孩子負責。

比如說，備餐時他就要幫忙分配蛋糕上的「草莓」。

大人會問他：「一個人要分到幾顆草莓，才會大家都拿到一樣數量？」

一開始從除得盡的數字開始練習，習慣了以後，有時會有除不盡的情形。那似乎是父母故意安排的，他就可以自己吃掉多出來的點心，或是決定分給哪個人。

「拿兩顆蘋果」「幫我照人數分一下筷子」「把蛋糕分成每個人都一樣多喔」等等，這些日常對話都可以讓孩子意識到數字的存在與實用性。

還有像是讓孩子注意電話號碼、月曆、時鐘等身邊就常見的「數字」，都是簡單易行的親近方式。

眞正一流的人物在實際生活或工作上面臨各種問題時，都懂得用數字來解決。

所以不要讓孩子看到數字就討厭，應該從小培養他們對「數字」的關心並產生興趣，這才是最重要的事。

讓孩子從小就在日常生活中自然又開心的去接觸各種數字，慢慢累積，等到孩子上小學之後，這些都是提升學力的絕佳基礎。

35

創造力來自轉換心情

變化一下，思路更清晰

不管唸書或學才藝，甚至是玩遊戲，小孩都不可能長時間集中注意力。研究發現，一般成人的專注力平均可以持續五〇分鐘。但專注力其實有「週期」，最專心的狀態大概只有十五分鐘左右。

專注力像「海浪」一樣，每隔十五分鐘就會升高或下降。所以平均五〇分鐘的專注力維持時間，其實是包含了三次十五分鐘的波動，也就是「四五分鐘＋五分鐘」。

回頭來看小孩的專注力時間長度，小學低年級學生最多不會超過十五分鐘。兒童看的電視卡通，一段故事大約設定在十分鐘上下，也是基於這個理由。

小學低年級生大約可以專注十五到二〇分鐘，高年級生則可以拉長到三〇到四〇分鐘，學校一節課的時間設定就是以此爲參考值。

這麼看來，一份功課如果需花費四十五分鐘才能完成，對於低年級以下的孩子來說是無法保持足夠的專注力做完的。

因此，學校教育的相關研究指出，老師必須重新安排課程，每十五分鐘就要更換學習內容或是學習環境，總之要有「變化」。

「迴避」現狀，維持專注力

那麼，該如何讓孩子的專注力盡可能持續呢？

當孩子專心進行某項作業時，你可以在十五分鐘後安插一點「變化」，讓他們保持專注。

隨著孩子從幼兒園、小學、中學一步步成長，建立上課的習慣，他們的專注力就能順著十五分鐘的波動，不間斷的持續下去。

假設孩子在家做功課時，可以先安排一些變化，讓他們不會「厭煩」。所謂「變化」，換個方式講就是巧妙「改變氣氛」。

將棋界名人羽生善治有過人的清晰思路，是傳奇的頂尖棋士。但這樣厲害的羽生善治其實也有過低潮，他最糟的出賽記錄是官方賽六連敗。

而陷入瓶頸的他使出的妙招，竟然是「染頭髮」。

「該做的都做了，結果還是不好的時候，我決定改變一下心情。想做什麼都好，可以試試其他的興趣，或是放棄正在做的事。改變髮型也不錯。」

羽生善治想要擺脫低潮，順便「改變心情」，就染了頭髮，還把慣用的眼鏡也換掉，說是想要振作精神。據說他改變心情後，一掃沉重的壓力，再度找回原有的堅強實力。

實際上，根據加拿大某大學所做的「與壓力共處」研究調查顯示，在工作、家庭、學校生活方面的滿意度較高的人，都有一項共通點。

這些人都懂得適度「迴避」（Avoideance）。

一般人看到「迴避」，可能會往壞的方向想，以爲是「逃避」。但這裡說的「迴避」不是指逃避現實，其實是有正面意義的，意思就只是稍微「放下現在的事」而已。

如果你一直都在讀書，那就停下來，喝杯茶，或是出去跑跑步，也就是「轉換心情」。

越在意越做不好

我要分享在大學教書時觀察到的學生學習經驗。

畢業的時候，學生都必須提出畢業論文。沒交論文就不能畢業，所以到了大四下學期，學生都只忙這件事。

研究室裡每天都有人唉聲嘆氣，「內容總結不了」「沒有好點子可寫了」，最糟的莫過於「畢業論文寫不出來」！

當時我問一個學生「昨天都在做什麼？」，果不其然，他回答：「關在房間裡寫畢業論文啊。」

我又問：「你寫論文的時候，都不會想點別的或做點別的事嗎？」他說：「不會。」

和他一樣的學生肯定不少。

許多人都像這樣，專注思考一件事時，就沒有辦法再想其他事情。我也有過同樣的經驗，但我也發現，越是處在這種狀態之下，焦躁和壓力就越會阻礙你的思路，結果根本什麼都寫不出來。

說到轉換心情，可能有人會說「那種事我一天到晚都在做啊」！

這時候重要的不只是行動，而是自己的心也要脫離這種情境。

功課是暫時停筆不寫了沒錯，但心裡卻一直惦記著「這個問題好難」、「來不及準備考試了」，你還是「離不開做不完的心情」。

人特別容易被「在意的事」牽著走，結果便是整天都陷入忐忑不安的狀態。

轉換的工夫不只在身體行動方面，心也要記得休息。

一定要刻意留一段「放空時間」，否則再怎麼試圖轉換心情，也不會有效果。

36
創造力來自開放的環境

在全家人都看得到的客廳學習

我家原本就有一個白板，並不是爲了孩子特別買的，但是擺在家裡，孩子總喜歡在上面寫東西，我們都很意外。

孩子起初只是畫一些簡單圖案，後來竟然還寫上「天才是一％的天分，加上九九％的努力」，這不是發明家愛迪生的名言嗎？

教育心理學研究也推崇以客廳做爲學習空間，發現孩子在客廳用功可以提升學力。「與其一個人關起門來在房間裡用功，不如在別人也看得到的地方看書，學習意願比較高」，還會帶來許多意想不到的效果。

客廳學習法

事實上，最近有孩子準備考「難關中學」（很難考上的中學）的家庭正流行一種「客廳學習法」。因爲少子化的關係，越來越多孩子都是獨自一人，所以盡可能讓他們在開放環境裡學習。

尤其在幼兒階段，「白板」用於在家學習、做爲智育教材等，都有很好的效果。

日本作家四十萬靖所著《聰明的孩子家裡爲什麼都有白板？》特別值得參考。他除了在書中介紹「談話溝通」之外，也主張「書寫溝通」的重要性。

「輪椅上的天才」英國理論物理學家霍金博士，曾在牛津大學攻讀物理學，學生時代就發病的他雖然身體有障礙，卻始終致力於解開宇宙的謎團。

我常常猜想，在霍金博士的頭腦中是不是有一個無限寬廣的白板。否則怎麼能信手拈來就是一連串數學公式，證明出人類絕對到達不了的宇宙盡頭呢？

那些公式就像美麗的幾何圖形。牛津大學尊重學生的發想和創造性，同時也訓練他們思考，以做出科學論證。

在開放環境放白板好處多多

孩子最喜歡在白板上寫東西，家長不妨也應用在學習上。

在家裡大家經常聚集的地方放一塊白板。光是看著這塊白板，就有三個好處：

①知道孩子的興趣和關注焦點

上面寫的內容，就是孩子現在有興趣或關注的事。例如電車和車子等交通工具，星星或昆蟲等自然界的事物，數字和文字的知識等，各種關於孩子的資訊一目瞭然。

②豐富親子話題

跟孩子聊聊白板上寫的東西，家長也可以說出自己的感想。例如，孩子寫「信」這個字，可以問他「要寄給誰（或誰寄來的）」「信上寫些什麼」等等，除了內容之外，也可以要孩子一邊聊、一邊畫圖。

③親子一起延伸思考

不論是其他家人寫的東西，自己再增添一點什麼，或是自己寫的東西，其他家人想補充一點什麼，故事或思考都可以無限延伸。

如果孩子畫了一顆「蘋果」，可以畫一個箭頭，玩文字接龍，畫出「果醬」；然後孩子接著畫「醬油」，在遊戲中天馬行空、恣意想像。

如果孩子寫錯字，家長也可以馬上察覺，立即訂正。

我與孩子使用白板時，發現孩子「主動告訴別人的事比較容易記住」。藉著「告訴別人」，培養出「簡單扼要表達→自己也比較清楚」的思考習慣。

這時候父母也可以適時扮演孩子的「學生」，向扮演「老師」的孩子提問，記得措辭要畢恭畢敬，孩子會很高興體驗當老師的樂趣。

37

創造力來自大自然

跟大自然學美感

近年來，日本孩子的遊戲方法有了許多改變。其中變化最大的就是「接觸大自然的機會變少了」。

都市化帶來的創造力危機

我小時候都是在大自然中與朋友玩耍。家附近就有山丘、小河，不必刻意做什麼，我們就置身於體驗大自然的環境當中。

然而，根據內閣府的調查，隨著社會的都市化、資訊化及少子化，自然的環境已經逐漸減少，結果就是體驗過大自然的孩童比例大幅減少。

這種改變實在令人憂心，也因此，爲孩子營造各種體驗大自然的機會，已成了當務之急。

由於孩子體驗自然的機會減少，連帶著對於伴隨季節變化的美景，或是爲動植物的生長而感動的能力也逐漸喪失。有了電視或電動玩具，孩子總是待在家裡玩，缺乏走到戶外在大自然中活動的經驗。

世界環保先進國家瑞典曾經做過一項調查，發現小時候不太接觸大自然環境的三〇歲成人，通常不善於與他人溝通，因無法理解對方的想法，而容易發生衝突的頻率較高。

其他喪失的能力還有不知道食物自然的味道、無法在外如廁，甚至有人眞心以爲「食用肉品不是動物的肉，而是工廠生產出來的」。

另外，因爲接觸大自然的機會變少，對眼前「美」的事物無感也成了隱憂。

西班牙人引以爲傲的天才建築家高第，設計了包含聖家堂在內的許多知名建築物，都被認定爲彌足珍貴的世界遺產。

熱愛大自然的高第曾經這麼說過：「造物者創造的大自然才是最美的，我們只是發現者而已。」他的作品在在流露出對大自然美景所孕育而生的感動。

成為大自然美感的發現者

眞正一流的人物都非常清楚孩子體驗大自然的重要性。

我問過不少世界名門大學的學生，他們小時候都充分「體驗大自然」還有「和朋友一起玩耍」，這些體驗讓他們在將來有更多意願想要深入學習，也提升自己的職涯意願，尤其「希望從事對社會和人類有貢獻的工作」。

我住在英國時，經常帶孩子一起接觸大自然。我們住家附近就有一座森林，一家人幾乎每天都去散步。

我家孩子過去習慣東京的都會生活，一開始要走進森林時，還有點遲疑。但隨著季節千變萬化的草木花朵、樹叢裡突然跳出來的松鼠或狐狸、林木間的潺潺流水……親子一同在大自然的懷抱中度過美好時光，感受在都市裡享受不到的大自然美景，親子關係也更加緊密了。

透過各種大自然的體驗，孩子對大自然更加理解和關心，豐富的感性與獨立學習思考的能力，都是將來在社會生存的基礎。

關懷大自然的心不是與生俱來的，而是孩子與父母親友在互動交流中遊戲、觀察才慢慢養成。

38 創造力來自選擇

讓孩子「有理由的選擇」

「早安！」

孩子每天早上起床後，上學穿的衣服誰來選？是父母？還是孩子？為了節省麻煩，父母是不是經常都逕自決定呢？

「讓孩子自己選」說來簡單，其實要做父母的刻意不去做這些事，還眞不容易。迫於上學或趕著出門的時間壓力，最後往往還是由父母幫忙決定，有時候孩子連選都不用選。

孩子長大以後，必須自己選擇的事情會越來越多。考試、升學，長大成人後還有就業和結婚，不論重要或不重要的大小事都得自己選擇、做出決定。

大家都說，歐美人士比日本人懂得主張自己的意見，也會積極做出選擇，這是因爲他們從小就有選擇的自由，而他們選擇的結果和理由，也都能獲得尊重與認同，教育培養他們接受他人選擇的精神。

青鳥症候群

我因爲在東外大從事教學工作的關係，有很多機會指導來自國外的留學生，他們都是菁英中的菁英。我一定會問他們：「爲什麼選這個研究主題？」留學生們對這個問題都能帶著自信回答，並且侃侃而談。我想他們從小就養成習慣，向對方傳達選擇的理由。自己做選擇對他們來說或許並不困難。

反觀日本年輕人，升學要塡志願、選擇就讀哪一間學校，這原本該是由自己做的決定，卻由父母主導。成年以後，認眞思考自己將來適合什麼職業的年輕人實在不多，也不太思考自己的「適性」。

我常聽學生說要去旅行「追尋自我」，我提醒他們「尋找適合的職業和追尋自我可不一樣」。

年紀較輕的社會新鮮人常爲了找適合自己的工作，而無法安定下來，一天到晚換工作。心理學上稱這種人是「青鳥症候群」。

這個名詞來自比利時作家梅特林克（Maurice Maeterlinck）所寫的童話《青鳥》，故事是講述主角吉吉兒和米吉兒兄妹爲了追尋能帶來幸福的青鳥而出去旅行的過程。

「青鳥症候群」是日本特有的現象，多見於缺乏社交能力及挫折耐受力的年輕人，而他們多半對這種狀態沒有自覺。

創意和選擇的自信相輔相成

牛津大學的學生有一個共通點，那就是在人生重要的轉折點，他們能夠帶著自信做出選擇，並對結果展現負責任的態度。

這個態度也顯現在教育當中。經營管理學也好，物理學也好，學生必須自己決定研究主題，閱讀大量文獻、反覆實驗，在過程中努力做出最佳選擇。

在這個階段，教授不會給予學生任何援助，唯有當學生可能往錯誤方向進行時，才會嚴格指正。

即使如此，牛津學生仍不畏艱難，繼續勤勉治學，最後達成大家認同的成果。「創意和選擇永遠是同一國的」，如此才能產生自信心。

要讓孩子自己會做選擇，必須從小開始學習。因此要多給予孩子選擇的機會。

當天要穿的衣服自己選，去圖書館要借的書自己決定，多製造機會讓孩子自己選擇。

話說回來，有時候教孩子「自己選」，但是選項太多，小小孩會不知所措，遲遲無法決定。家長可以事先篩選，把範圍縮小後，再讓孩子練習選擇。

比如說，不要只是問孩子：「今天早上想吃什麼？」把選項列出來：「三明治和奶油捲，你想吃哪一個？」這樣孩子就比較容易選擇了。

接下來的步驟也很重要，就是問孩子選擇的理由。

無論他選了什麼，都反映出孩子的思想和價值觀。如果他能說出理由，就要對他的選擇加以肯定。

能自己做選擇的孩子，將來就能對自己的選擇負責，如果得到好的結果，對孩子會是莫大的鼓勵。這樣的自信能提升孩子對自我的肯定，將來一定會有不凡的成就。

39
創造力來自大量閱讀

不只閱讀，還要知道爲何而讀

文部科學省公布近年來針對日本小學生到高中生「學力與學習」相關調查的結果顯示，最近的孩子接觸雜誌書籍（包含漫畫）等紙本書和媒體的機會正逐漸減少。

尤其是報紙，孩子沒有機會讀報，年級越高的學生讀報比例減少的情況更爲顯著。

不只蒐集資訊，還要知道為何蒐集

這種現象是由於日本年輕族群通常透過網路或電腦取得資訊，接觸方式已經數位化，而且他們傾向選擇更方便易懂的版面設計。

換句話說，現代年輕人都「擅長蒐集資訊」。他們從小就接觸網路、用電腦搜尋，想要的資訊大多能簡單到手。無論是流行話題或自己關心的領域，都有著高敏感度，熱中於蒐集相關資訊的技巧。

但另一方面，這些孩子的「資訊蒐集能力」其實還欠缺「一種視角」。那就是「為了誰、為了什麼」的視角。

與過去以報紙為主要資訊來源的世代相比，網路普及之後的世代遇到問題發生時，比較不懂如何根據人或情況進行適當的資訊蒐集，以及與他人一起思考該如何因應的發想或思考能力。

根據經濟合作暨發展組織（OECD）的PISA調查顯示，孩子的綜合閱讀力與讀報頻率有關。

換句話說，平時有讀報習慣的孩子與不看報紙的孩子相比，不只是閱讀力較佳，也比較能與旁人做深度的對話；在發現問題、爲解決問題而與人溝通這方面的能力，也都有明顯的差別。

NIE讀報教學法

我在美國參觀過名爲「NIE」的「讀報教學法」（Newspaper in Education）。NIE是在中小學推廣以報紙爲教學素材的學習法。

美國、法國、挪威等國都有所謂的「NIE週」，期間會有現任的新聞記者親臨學校，指導教師如何帶領新聞報導寫作與閱讀的講座。

NIE還有一個「透過製作新聞報導學習」的單元。不只是單純閱讀報紙，而是「根據報紙刊登的照片寫出故事」或是「從新聞報導中的『人物』，學習他的人生觀和努力過程」。這個活動會讓平常不愛看報紙的孩子，也有機會拿起報紙來閱讀。

我建議父母可以在家裡和孩子一起培養接觸報紙的習慣。不必勉強孩子閱讀艱深的報導，先從「標題」或「照片」聊起，「漫畫」也可以。

從接觸報紙開始，之後漸漸養成閱讀報紙的習慣，再進而培養自行調查研究的態度，孩子也會更加積極學習。

40

創造力來自專注最重要的二〇%

用省下的時間，累積更多不同經驗

相信大家都聽過「八〇／二〇法則」。

這是義大利經濟學家帕雷托（Vilfredo Pareto）所提倡的法則，他的想法是「全體數值的大部分（八〇%）來自構成全體的一小部分（二〇%）」。

比如說，一本書只要讀其中最重要的二〇%，就可以理解八〇%的內容。

這又稱爲「帕雷托法則」，不只在經濟學方面，也廣泛運用在商務或行銷領域。

以奧運金牌得主、在其他大賽也有輝煌戰績的男子花式滑冰選手羽生結弦爲例。相信大家都很想知道，他是怎麼保持優秀的表演力及過人的技術。

令人吃驚的是，據說羽生選手一週的練習時間，比其他世界級選手要少很多，但是他非常有效率的專注在練習上。

一般人都以爲，滑冰運動是練習越多越好、時間越長越好，但以他的經驗來看，事實不一定是如此。

由此可知，有些孩子適合長時間學習或練習，但也有些孩子不是。

練習越久，成果不一定越好

以我的經驗來看，「八〇／二〇法則」在很多時候都能適用於讀書或學習。也就是說，當孩子在學習或運動時，「一個人現在所能達到的最佳表現，大多來自於平時努力的二〇％」。

假設要讀書準備總分一〇〇的測驗，只要徹底唸好最重要的二〇％，就可以考八〇分。

特別是家裡有孩子正在準備考試的家長，應該很能夠理解我的意思。要孩子每次都考一〇〇分，其實有點不切實際。不管他怎麼努力，總有寫錯、看錯或粗心犯錯的時候。到了大學，老師採取的計分方式或學校方針也會有所改變。

稍微努力一下就可以考個好分數，不是皆大歡喜嗎？

大家都會的題目一定要會，專注於此，盡可能減少扣分。這也是前面提到的滑冰選手比賽時的重點。

例如數學，孩子一定有怎麼也解不出來的題目。

如果是基本題型，就想辦法努力解答。一般來說，基本題型的難度會設定在每個人都能解答的程度。

但如果是應用題型，孩子想老半天也想不出來的話，就不要勉強。

很難考上的「難關學校」考題中，都會有這種考生就算絞盡腦汁也不會的題目。

即使算出來了，考試結束後，孩子也大多忘得一乾二淨。

正因如此，尤其是接近考試的前幾個月，與其花好幾個小時解一道難題，我建議同樣的時間不如用來加強所謂的「基本題型」。

突破關鍵就在最重要的二〇%

我要分享一個我在牛津大學就讀時的經驗。

結束在牛津大學四年的研究之後，我提出了博士論文，最後一關就是所謂的「Viva」，也就是「最終口試答辯」。

學生在最終口試時，要接受好幾位口試官針對你的研究做徹底且嚴格的提問。

提問時間最少兩小時，有時還會超過三小時；回答得不好，很可能學位就拿不到了，因此學生必須十分謹慎回答。

要記下龐大的文獻和數據，還要當場侃侃而談，實在是不可能的任務。因此我把研究主題相關的文獻範圍，縮小到我認為最重要的二〇%，在口試之前讀得滾瓜爛熟。

結果，我竟然一一回答了口試官各種嚴格的提問，連我自己都不敢相信。如果讓我自己為這次口試打分數，我的表現應該有八〇分以上。

「八〇／二〇法則」雖然只是個經驗法則，並沒有在數學理論得出過什麼有力的證明，但它的確在各領域都展示令人滿意的成效。

父母可以用「八〇／二〇法則」的思維，讓孩子專注於學習整體內容最重要的二〇%，就能得到八〇%的成果。

花大筆錢和時間得到的八〇%成果，與花二〇%努力就得到的八〇%成果，哪個比較划算呢？

因此我建議父母，先把讀越久成績越好的想法擺一邊，針對孩子的性格，思考對於孩子的學習最有成效的方法為何。

若能有多出來的時間，還能用在與家人同樂或是運動等讀書以外的活動，孩子可以因此累積更多不同的人生經驗。

以整個人生來看，這些時間說不定是比讀書更珍貴的、能讓人生更豐富的二〇%。

TOLERANCE
OXFORD

第五部 牛津式「包容力」教養法

41

包容他人

眞正聰明與幸福的人懂包容

所謂「聰明」，到底是以什麼標準來判定呢？

過去大家都認爲，ＩＱ（智商）高的人，有天分又有特殊才藝，就是所謂的「聰明人」。

ＩＱ是以「實際年齡」比上「心智年齡」爲基準，並藉由「智力測驗」所測得的數值，ＩＱ越高表示智力越高，越低就是智力較低。

不過ＩＱ是個相對數值，依人種或國家的不同，基準也會跟著改變。

假設ＩＱ的平均值為一〇〇，有天才畫家美譽的達文西ＩＱ據說是在一八〇到一九〇左右，提出相對論的愛因斯坦ＩＱ經由推斷，則可能落在一六〇到一九〇左右。

而日本排名第一的東京大學的學生，ＩＱ平均值則為一二〇。

聰明不等於幸福快樂

不過，在ＩＱ之外，社會上也開始逐漸重視「人品」的價值觀，因而出現所謂的ＥＱ（情緒商數）。

ＥＱ是美國知名心理學家高曼（Daniel Goleman）所提倡的重要觀念，指一個人理解自己的情緒並有自主控管的能力，加上能夠敏銳感受旁人的感覺、言行舉止，並予以適當包容的能力，兩者融合的概念。

情緒商數越高的人，就越受人尊敬，人生幸福順遂的可能性越大。

一個人即使有高ＩＱ，從名校畢業，又進入一流企業就職，但ＥＱ值如果不足，卻可能讓這個「聰明人」得不到旁人尊敬，又或者他對自己的人生絲毫感覺不到幸福。

實際上，美國賓州大學的研究者針對高學歷且工作勤奮者進行問卷調查，發現受過高等教育、高收入職業的人，比其他人承受的壓力都來得大，幸福程度也較低。

牛津教我的真幸福

我在牛津大學研究所攻讀教育學時，曾經在教育哲學課與同學討論「幸福是什麼」。

當時的我認爲，人的幸福就是「接受良好的教育，然後找一份安定的工作」，這在日本是天經地義的事。

但是，其他同學卻有不同意見。

有的同學說「與社會產生有意義的連結」，有的則說「活躍於自己擅長的領域」，其中最令我印象深刻的發言是「爲自己的人生做出重大決定」。

牛津大學是世界一流菁英集結之地，大家都背負著國家社會與衆人巨大期待，每天在此鑽研學問。從開發中國家來的留學生信誓旦旦說：「我的國家很窮，我要幫助它發展起來！」

活躍於世界第一線的一流人物，都不會滿足於自己的學歷或未來的職涯地位，他們有更大的人生目標與對國家社會的使命感。

正因爲有這樣的信念和使命感，他們才感覺人生是「幸福」的，並且受到別人尊敬。

遺憾的是，就我的觀察，日本學校教育還培育不出這樣胸懷大志的青年。就算從名校畢業、從事高收入職業，如果不能感到幸福，人生就沒有意義。

人生的成就不是只看學歷，能考上名校的確在某種程度算得上是「聰明人」，但這並不能滿足整個人生。

這一部將以「包容力」爲焦點，探討如何才稱得上眞正的「聰明人」，並說明如何培育。

42
包容不同特質

不求當個「乖孩子」

〈丸子三兄弟〉是曾經紅極一時的兒歌。

串在一根竹籤上的三顆丸子，最上面是長男，第二顆是次男，然後是三男。歌詞中三兄弟的個性都不同，活靈活現，令人印象深刻。

大家都知道，一個人個性最基本的部分是兒童時期在家庭中形成。即便是同樣的父母、同一個家庭環境，第一個孩子到最小的孩子，兄弟姊妹的排行順序也會影響個性的形成，眞的是很不可思議。

一般來說，么子有兄姊可以依靠，多半都「愛撒嬌」，排行中間的孩子則比較「有主見」，雖然不完全是如此，但出生的順序確實會對人格的形成有一些影響。

接納自己的個性與情緒

無論如何，人的基本個性不會是長大後才形成。而個性一旦定形，就不是那麼容易可以改變的了。

人是有感情的動物，易怒、感傷等，個性不同、表達方式也不一樣。這是人類自我保護的本能，天經地義。

如果有人試圖強行改變別人，反而會強化他的個性和情緒，很可能會造成別人的壓力，或是停止思考等生理反應，也就是會導致人無法保持平靜與專注。

「坦然接受」自己的個性與情緒，是一個人成熟與否的條件之一。擁有優秀才能的人，都能坦然接受成長的環境和自己的基本個性，善用個性讓自己發展健全的社會生活。

人必須趁早學會遇到任何狀況情緒都不會受其影響，並且冷靜應對的能力。我們該如何幫助孩子不陷入情緒困境、冷靜理解、培養專注力呢？

從教育學的研究，還有我自己從事教職及育兒的經驗來看，我認爲就是不要期待「乖孩子」。

可能有人會嚇一跳，「什麼？」

換個方式來說，就是不要強迫你的孩子當個好孩子。

「沒有叛逆期」的孩子更需要關心

一般人對「乖孩子」的印象就是聽父母的話、讀書運動樣樣行。對父母和周遭的人來說，這樣或許才是孩子該有的樣子，但事實上可能不全然是這麼一回事。

大家所謂的「乖孩子」，其實是除了孩子以外的人覺得乖，他們不得已，只好「被迫當乖孩子」。換句話說，他們要會察言觀色、討好別人，很可能就把眞正的自己隱藏起來。

根據最近的青年心理學研究顯示，有所謂「沒有叛逆期的孩子」。熱中教育的父母強迫孩子「乖乖聽話」，導致原來應該會藉著反抗父母來確認自己想要什麼的時期消失。

矯枉過正的結果，「父母會不會開心」成爲孩子判斷事物的標準，因而失去自我，造成「乖孩子症候群」的隱憂。孩子無法表達眞實的個性或情緒，行爲可能就會出問題。

每個孩子都渴望父母的關愛，聽父母的話用功讀書、學才藝，努力回報父母的期待。

但是，一味聽從父母、沒有主見，就會連原有的能力都無從發揮。

我們不要總是站在大人的視角，偶爾也要注視孩子原有的樣子。

父母爲孩子著想是天經地義，強勢的教養態度也在所難免，但平時還是要注意為孩子保留可以安心表達自己的環境，理解孩子的本性，讓他們坦率表現出真正的自己。

43 包容各種情緒

爲孩子的心情取名字

傷心的時候哭泣，高興的時候歡喜，開心的時候大笑。

每個做父母的都希望孩子感情豐富。若孩子從小就能直率表達情緒，成年後也就比較可以面對艱辛的逆境，不被打倒。

「高興／傷心」「喜歡／討厭」「快樂／愁苦」等，都是人的基本情緒，孩子在早年的成長階段就已經能夠使用這些辭彙來表達自己的情緒。

但是，有時也會有「很高興但很害羞」「喜歡又討厭」這種一言難盡的複雜情緒。

孩子對第一次產生的情緒感到遲疑是很正常的，他們不知道怎麼表達，也沒辦法傳達心情，可能因此心生焦慮。

這時候，大人可以幫孩子為這些情緒取名字。

大人要教孩子將當下的心情具體表現出來。如此一來，孩子日後再遇到同樣的狀況時，他就懂得應付和表達，可以安心與人溝通。

此外，孩子還可以用與過去不同的方式去感覺事物。

用言詞表達當下的心情

人氣樂團BEGIN演唱的〈淚光閃閃〉是大家耳熟能詳的名曲，作詞者森山良子是一位知名歌手兼演員。

「淚光閃閃」有「眼淚不斷湧上來」的意思，是森山良子為懷念早逝的兄長所譜寫的歌曲。

「好想你又好愛你」這句歌詞是森山女士表達自己似乎感覺到，已不在人世的兄長仍在冥冥之中守護著她，接著「對你的思念，令我淚光閃閃」，真的是很優美的意境。就算我們不懂「淚光閃閃」的真意，還是能強烈感受到她以此來表明她的思念之情。

想像一下你的孩子弄壞玩具，正在大哭大鬧，我就會像這樣幫孩子的情緒取名字：

孩子：「玩具壞掉了……」（弄得亂七八糟）

父親：「是你自己亂敲亂打啊！」

X（這樣只表達出大人的想法而已，所以ＮＧ）

應該要像這樣說：

父親：「你最喜歡的玩具弄壞了呀。你很傷心、很難過，對不對？」

○（試著具體說出孩子的心情）

其他像是「很累吧」「你今天怎麼看起來坐立難安的樣子？」「你很開心嗎？」，接受孩子複雜的心情，讓他知道可以用言語表達，孩子就會慢慢學會用自己的語言，表現當下的心情了。

人面石雕是反映情緒的鏡子

牛津大學的學生也會幫自己的情緒命名。

牛津校園裡的學院校舍屋頂上，都有一尊尊看起來像怪物的「人面石雕」，也就是雕塑成人臉表情、動物身體的石雕。

人面石雕的表情基本上有「沉思」「苦惱」「靈光乍現」三種，完全是牛津大學求學者的心情寫照。但其中有一種表情與前述三種都不一樣，乍看是看不出來屬於「喜怒哀樂」哪一種表情的。

我記得曾經有一個朋友告訴我，它直接反映了正看著人面石雕的人的心境，有著「重新檢視自己」的作用。

源自日本的人氣卡通人物「凱蒂貓」，臉上並沒有畫上嘴巴。這與人面石雕的作用一樣，端看觀賞者當下的心情而定，可能是笑臉，也可能是悲傷的臉。

醫師和律師、政治家或大學教授，這些必須重視人際關係的職業，要充分理解並掌控自己的情緒，向對方具體傳達自己的意見和要求。

他們不僅要考慮到自己的心情，也要顧及對方的心理狀態，分析並理解其成因。不能讓自己的情緒過分外露，冷靜的分析自己和對方的想法與感受，找出最好的因應及解決之道。

我們每天都會產生各種情緒，如何感知與處理，是足以左右人生的大能力。

44
包容並配合全家人的步調

盡量和家人一起用餐

現代的家庭想聚集全家人一起用餐的機會，可說是越來越少。

根據日本厚生勞動省（編注：相當於臺灣內政部社會司、勞委會）從一九二〇年代開始做的一項長期調查顯示，全家一起吃晚餐的頻率，一週達四天以上的家庭比例，因核心家庭的增加而驟減。

而一個人獨自用餐的「孤食」或與家人同桌卻各吃各的「個食」比例相對增加，家人的步調要保持一致也越來越困難，這種現象實在令人憂心。

共餐凝聚所有人的心

我小的時候家裡有祖父母、父母、兩個姊姊，還有一個雙胞胎弟弟，總共八個人。除了父親有時候下班比較晚以外，我們家的晚餐時間，都是全家人圍著餐桌一起吃飯。一家和樂融融，一邊吃飯、一邊開心聊著當天發生的事。

現在我才明白，透過全家人一起用餐，共享生活的種種，從中學習，可以凝聚一家人的心。

和家人一起用餐，也是安定孩子情緒的好機會。

美國哥倫比亞大學的一項調查發現，跟家人一週一起吃飯五次左右的孩子，比較不會因不安或孤獨而發生情緒問題。用餐時，父母或家人認眞聽孩子說話，孩子會因爲自己受到關愛而感覺安心。

這種狀況在教育心理學的概念稱爲「同樂」（Conviviality），長大後將會發展成與他人同甘共苦的精神。

牛津的學生基本上在所屬的學院過著住校生活，學生會和師長一起用餐。除了鑽研學問以外，共餐的習慣也更加凝聚師生的向心力。

從全家人一起吃早餐做起

全家人一起用餐，除了對孩子的健康有好處之外，還有其他效果。藉著親子共餐的時間，孩子可以學習說話的訣竅，父母可以教孩子新的詞語，還有用餐時必要的禮節。

以上這些好處，相信大家都能體會家人一起用餐的重要性。

但話說回來，父親每天加班或是夫妻都在上班的家庭日益增加，小孩下課後還要上補習班，這些生活型態的轉變，使得現代家庭要全家人團聚可說是難上加難。其實，我們家也不例外。

關於這個問題，我曾經請教過一個在日本的大學工作的英國朋友，他們家的經驗非常值得參考。

他們家會盡量一起吃早餐，這個習慣可說是刻意養成的。早上每個人都稍微早起一點，一天就可以有至少一次全家人一起用餐的機會，互相分享當天的計畫、身體狀況等。

其實「早餐」本來就有很重要的意義。

早餐可以讓睡眠中下降的體溫回升，使沉睡的大腦和身體機能慢慢甦醒。不吃早餐會使新陳代謝降低，無論是讀書或工作都無法專心。

文部科學省等機關的調查也發現，每天吃早餐的孩子，學業表現較好，體能檢查的評估也比較高。

我們應該要增加家人一起聊天、一起用餐的機會。家人團聚用餐的體驗，對孩子健全的發展和人品的養成至關重要，這是親子一起生活時，父母應該傳授給孩子的人生態度。

每一餐都能全家人聚在一起吃飯，當然是最理想的，但也不必太過勉強。先從能力範圍做得到的事開始實踐，才是最重要的。

45

包容孩子的恐懼心理

和孩子一起勇敢

每到炎熱的夏季，日本的電視都會播出「靈異節目」。還有，孩子暑假時都愛去「試膽大會」，相信許多人都有過害怕到發抖的經驗。

對大人來說，這種夏夜的「消暑」活動，或許很好玩，但小孩子會眞的覺得很恐怖，甚至因爲怕鬼而不敢去上廁所。

心理學的研究列舉了容易引發孩子恐懼的三個要因：第一是蛇或昆蟲等生物；第二是高處、暗處等環境與空間；第三是打針或流血等外傷。

恐懼是學習來的

兒童認知發展心理學上有一個知名的「小艾伯特實驗」。

小艾伯特是一個十一個月大的小嬰兒，實驗者拿白老鼠給他看，每當他伸手想觸摸的時候，背後就會發出很大的聲響。小艾伯特受到驚嚇便大哭。重複幾次下來，他變得只要看到白老鼠就會哭。實驗到了最後，小艾伯特只要看見白色的東西就會心生恐懼。

這個實驗如今基於人道理由，而不見容於世，但確實證明了「恐懼可以增大」。

由此可知，恐懼是孩子從外部得到的資訊所引發，是需要學習才會產生生理上的「迴避行為」。

從「鬼故事」到「怕黑」，還有其他類似的刺激，都會讓孩子心生恐懼。

因此，先前列舉的三個要因，孩子如果不喜歡，就不要勉強他們接近，教導孩子的時候也千萬不要用嚇唬的方式。

帶著孩子一起勇敢

那麼，家長該如何讓孩子不要那麼「害怕」呢？

答案很簡單。父母平常不要讓孩子看到自己「很害怕」的樣子，或是經常把「好可怕」掛在嘴上。孩子很容易受父母的行爲或感覺影響。如果孩子覺得很害怕時，大人就要帶著孩子「一起勇敢」。

世界知名的登山家野口健曾經在電視上分享他的攻頂經驗，令我恍然大悟。

在聖母峰等世界最高峰準備攻頂時，上山過程雖然艱辛，但下山才是眞正恐怖的考驗。

野口健解釋，到達山頂時，「成功了！」的興奮只是一瞬間。

在山頂上要擔心氣候多變，想到下山時必須經過陡峭斜坡的危險，恐懼會一直擴大。這時登山的隊友會團結一心，互相勉勵「要活著走回去」！

牛津大學的學生也是人，他們害怕時也是會發抖的。但是，之後的思考和行動，就和別人不同了。

他們不會因爲恐懼而心情混亂或心生騷動，意識到自己正在害怕之後，會馬上冷靜下來。這應該是個別指導（教授和學生面對面學習）時的思考訓練，培養出來的平靜態度吧。

「恐懼」無法靠努力消除，就算花錢或拜託別人幫忙也很難克服。所以不妨更深入一點，理解人爲何「恐懼」，由此培養讓自己不再害怕的習慣。

我們常常因爲太疼愛孩子，動不動就說「好可怕」，這會讓他們看整個社會都很「黑暗」。

「可怕」這個詞，盡量用在眞正可怕的事就好。

46

包容孩子想獨占的心情

從「獨占」學習感謝

孩子在某個時期，會不願跟別人分享玩具或點心，什麼都想一個人獨占。大人一定會擔心「孩子會不會就這樣變得自私又貪心，將來不懂得為別人著想」。

在這個時期，不只「獨占」的行為，孩子對順序、場所、自己的東西、習慣等，都有所堅持，必須保持一致。

這在兒童認知發展心理學領域稱為「敏感期」，孩子做什麼都會特別堅持要依自己固有的規則或秩序。

我女兒一到三歲這段時期，也曾經很堅持非得用自己的湯匙吃飯不可。不論是玩具收拾的地方，或是洗澡的順序，總之就是規矩很多，我們大人也拿她沒辦法。

善用孩子的學習敏感期

我曾經拜讀蒙特梭利教育相關書籍，有一些理論非常值得參考。

蒙特梭利教育是義大利第一位女醫師蒙特梭利開發的教學法，目的在幫助各個發展階段的孩子培養獨立自主的能力與責任感，以及對他人的關懷。

蒙特梭利主張孩子要藉由「獨占」的經驗，才能學會分辨「自己的東西」和「別人的東西」。

小小孩不願意把自己的東西借給別人是很正常的。因爲他認爲「我的東西就是我的」，「借出去＝給別人」，以爲「東西借給別人就不會回來了」。就算是大人覺得沒什麼的小東西，他也要全部據爲己有。

在蒙特梭利教育上，孩子的「敏感期」是獲得成長能力的重要時期。

比如說，學習文字時，敏感期的孩子「想要記住」的學習欲望會升高，只要給他們看繪本，他們就會主動去認字。

若是在敏感期前就強迫孩子要認字，這時孩子的學習意願不高，成效也不會好；反之，過了這個時期才要教，孩子已經沒有學習意願，也不太能期待好結果。

所以說，敏感期至關重要，大人要注意這個時期的孩子到底想學什麼，迎合他的意願去強化並且鼓勵。

「感謝」的相反詞是「理所當然」

「獨占經驗」是孩子日後學習與他人溝通的初步階段，不久後就會懂得「分享」的喜悅。

沒有一個孩子天生就懂得分享，要先從大人和孩子之間的「借貸」或「分配」的經驗開始學起。

如果孩子願意分享，就要表達「謝謝」「我好開心」。孩子看到對方開心，自己也高興，交流互動就會更順利。

與其一開始就要孩子借出他最珍愛的東西，不妨從一些他比較不介意的事物開始。

在牛津，「感謝」的相反詞是「理所當然」，而非「不滿」。我們在日常生活中，往往覺得周遭的一切「理所當然」，差點忘記別人對我們的仁慈之舉或是自己身在優渥的環境。我也不例外。在這裡住久了，我自己也常常忘記牛津的教育環境有多好。現在回想起來，覺得自己眞的很不應該。

孩子從「獨占」開始累積「借貸的經驗」，因爲「自己常常被感謝」而擁有自信，接著就懂得與他人「分享」，成爲心懷感謝、「體貼的人」。

孩子的獨占是一種秩序，是他們感到安心的重要條件，大人可以先不要著急。

父母現在知道了孩子獨占玩具的經驗，有助於今後的溝通，下次再看到孩子不願意出借玩具時，應該就能先靜觀其變了吧。

47

從不挑食培養包容力

親近蔬菜，耕耘心靈

從古至今，許多孩子都「討厭吃蔬菜」。

蔬菜富含許多成長必須的營養，我們都希望自己的孩子可以多吃蔬菜。

大家可能在平常的飲食中，爲了讓孩子多吃蔬菜而細心安排。我建議父母不妨和孩子一起種菜。

學吃之前先學種菜

日本厚生勞動省近來也推廣讓孩子學習栽培蔬菜，在玩樂中思考飲食之道，培養珍惜食物的態度。

如果能夠放下課本，實際帶孩子種植蔬菜的話，即使是不愛吃菜的孩子，也會慢慢接受。

藉著每天照料蔬菜的體驗，孩子可以了解「栽培」的辛苦、收穫的喜悅、烹調的歡樂等，學習食物的重要性。

根據農業教育的相關研究指出，在學校教育中積極安排植栽學習機會，對國語、數學、自然、社會等科目的學習也有助益，甚至能夠發展出跨越學科範疇的學習能力。

換句話說，種菜的活動其實是「耕耘孩子的心靈」。

英國的「園藝」世界聞名，許多人都在自家庭院裡栽培各種顏色的草木。美麗又可愛的繁花盛開景致，讓路過的人都忍不住停下腳步觀賞。不僅有觀賞用的花草，還有各種季節的食用香草植物和蔬菜。

牛津大學的教授曾經邀請我去他家作客。

平日神情威嚴、令人敬畏的教授帶我參觀自宅的庭院時，帶著驕傲的神情，就像小孩一般開心，爲我一一解說。

手裡拿著百里香、迷迭香、芫荽等，這些每天烹調都用得上的香草植物，教授說：「研究或學生的指導遇到瓶頸時，我就跟這些香草植物說話，心情放鬆之後，想法自然就浮現出來了。」

從耕耘蔬菜，到耕耘心靈

最近有科學研究植物花草的「意識」，結果顯示，每天對著花輕聲說話，花就會開得更美麗。相反的，不對它說話的花，就長得不太好。事實上，據說讓農作物聽古典音樂、以提升栽種效果的農法正在研究當中。

能讓人類覺得親切的問候或情緒，植物和動物也同樣感到溫暖，這說法是可以理解的。優雅的音樂或言談會發出微妙的波動（能量），植物或動物也和我們人類一樣接收得到。

教孩子呵護蔬菜，就是幫他們耕耘心靈。

如果蔬菜有意識，當孩子接近時，就會感覺蔬菜在說「來摸摸我」。對蔬菜講話，蔬菜也會很開心吧。

爲了讓孩子吃得好，蔬菜也會努力成長。

48 從規律生活培養包容力

養好精神，增進同理心與學習力

「日出而作，日落而息」，人類自出生開始，身體就配合著地球的規律作息。

正常的生活規律，是守護、維持孩子身心健康的基本要件。

「多運動、多吃、多睡」對孩子來說，是非常自然且不可或缺的生活規律，但是近來卻有打亂的現象。

睡眠時間影響考試成績

不少孩子的生活不規律，晚睡晚起，肚子不餓就不吃早餐，正餐前肚子餓就隨便吃點零食，到了正餐時間又吃不下。精神不好、運動不足的孩子上學後體力不佳，學習態度也不好等等，產生很多問題。

爲了改善這種狀況，日本的文部科學省推行「早睡早起吃早餐」運動，鼓勵產業配合「改善兒童生活規律專案」。「早睡早起」的習慣，眞的有助於提升孩子的學力及培養同理心。

一項研究證明孩子的睡眠時間與考試成績有關。

針對錄取東京大學和京都大學等名校學生所做的問卷調查發現，他們在小學時期一定要睡滿八個小時以上。

而另一份準備考高中的中學生問卷調查顯示，即使是考試期間，最晚十一點以前會就寢的比例偏高，大約六成的考生都有充分的睡眠。

另一組睡眠時間只有五小時的學生，考試成績都低於平均，而睡眠時間滿八小時的學生，表現成績比其他組的學生成績要高。

影響一輩子的早睡早起好習慣

我們家有一些不經意養成的習慣，後來發現其實對孩子的大腦發育很有幫助，我來介紹其中令我特別有感的經驗。

過去常說「孩子睡得好就長得好」，睡眠可以修復身心疲勞，促進生長激素分泌，還能活化大腦中的「海馬迴」。

海馬迴的別名是「知識工廠」，能在睡眠中將白天的經驗轉化爲知識儲存起來。睡眠時間太短，就會影響腦內功能。

我們家的孩子固定九點要就寢。

早晨醒來，沐浴在陽光下，讓頭腦清醒的血清素分泌旺盛；頭腦清醒，專注力就提升。

只不過早上起床時，頭腦和身體都處於能量不足的狀態，這時吃早餐、補充營養，讓身體有足夠的能量活動到中午是很重要的。味噌湯和白飯、麵包和牛奶等，每個家庭都應該準備營養充足、方便飲食的早餐。

讓孩子白天盡情活動，在外面玩夠了，回家自然會早早上床睡覺，相信許多家長都有同樣經驗。

相反的，白天的活動太少，孩子晚上就睡不好。調整生活規律，孩子的精神安定了，才有餘裕去思考其他事情。

大人生活不規律，會影響孩子的睡眠，結果就造成晚起。晚睡晚起的惡性循環一旦養成，很難再調整回來。

就跟孩子一起從早睡早起開始做起吧。

早晨起床打開窗戶，讓陽光充分照射進來。讓晨光重新設定我們的生理時鐘後，吃一頓豐盛的早餐。每天吃早餐的孩子，學力調查的解題率和體力合計分數都比較高。

認爲「長大後再培養早睡早起習慣」的家長也很多，但是調整生活規律要從小做起，因爲這是一切活動的原點。

49 包容犯錯經驗

罰越重，孩子越無法遵守約定

所謂「言行一致」，顧名思義，就是「說的和做的要一樣」。比如說，政治家當選後實踐選前的政見，我們遵守約定在家人或朋友生日時送禮物。就像政治家實踐對大衆許下的選前承諾具有重大意義，我們答應孩子生日要送玩具的承諾也很重要。

想要得到別人的信任，最重要就是做到「言行一致」。因爲如果說出來卻做不到，那就與「說謊」無異，會在一瞬間失去別人的信任。

換句話說，「言行一致」等於「遵守約定」。而「遵守約定」就是建立良好人際關係的基礎。

叮嚀孩子，只需點到為止

你的孩子是否能對家人和朋友遵守約定呢？

「說到就要做到！」

每個家庭都會這麼對孩子說，但是還是有不少人想不通「孩子爲什麼不能遵守約定」。

史丹佛大學的費里曼（Jonathan Freedman）經實驗觀察到，家長處罰越嚴厲的孩子，一旦離開父母的視線，就越容易破壞約定。

這個實驗的內容是，父母事先叮嚀孩子「不可以玩自己喜歡的玩具」、「不乖就處罰」，之後讓孩子待在有玩具的房間進行觀察。

實驗分成兩組，一組家長會「再三叮嚀」孩子破壞約定就處罰，另一組家長則只是「稍微提醒」孩子。結果發現，「再三叮嚀」和「稍微提醒」的孩子，當下都能記得遵守約定並且照做。

但是，幾個星期過後再做一次實驗時，這一次家長都沒有事先叮嚀，就讓孩子直接進到有玩具的房間，結果發現，之前曾經「再三叮嚀」的孩子大多破壞了約定，但「稍微提醒」的孩子只有三〇％沒有遵守約定。

這個實驗說明了叮嚀孩子時，其實只要點到爲止就足夠了。

牛津大學的教授上課時看到學生打瞌睡，不會像日本的老師那樣嚴厲責罵，看到學生打瞌睡，會故意走到他旁邊，突然大聲講話：「這裡很重要！」把學生叫醒。學生不聽課，錯過重要的說明，完全是他自己的責任。

不只告誡孩子「遲到不好」，還要舉具體例子

事實上，讓孩子養成遵守約定的習慣需要費點心思。到底該怎麼做呢？我是先讓孩子了解「遵守約定的重要性」，讓他們牢記在心。

例如教他們「守時」，我會舉搭乘巴士等交通工具的例子。

「如果要搭十點出發的巴士，十點五分才到巴士站，車子早就開走了。」

如果錯過了平時常坐的公車或電車，會覺得「再搭下一班就好了」，並不是很嚴重。但如果搭的是新幹線或飛機呢？

「出國搭飛機如果遲到，重要的工作來不及做，會給很多人添麻煩。」

「還要等好幾個小時才有下一班飛機。」

「不能照預定的日子回國。」

諸如此類，讓孩子模擬各種遲到可能導致的後果，警惕自己要守時。

不要告誡孩子「遲到不好」，還要盡可能列舉具體的例子，讓孩子了解。

還有，對「不守約定」的孩子，雖然也可以用處罰讓他了解，但最好還是避免。

如果要教他「遵守社會規則很重要」，可以用一些孩子比較熟悉或容易想像得到的例子，比如說「大家都不排隊，爭先恐後上車，你覺得怎麼樣」？給孩子時間思考。

只是要求「遵守約定」，做不到就處罰「不准吃點心」，就算孩子大概知道什麼是「不遵守約定」，也不能夠理解「遵守約定的重要性」。

讓孩子牢記「遵守約定很重要」，他就能成爲言行一致的人。

50

包容孩子想自立的心情

「幫他做」不如「教他做」

「人」這個字，看起來像是「人」與「人」互相扶持的樣子。

剛出生的小嬰兒在父母與周圍的關係中成長。日文的「人間」就是指「人與人之間的關係」。

孩子剛出生時，只要有人逗他，就會發出開心的聲音，但那個時候的孩子其實還不會區別自己和別人。小嬰兒或幼兒必須要感受到別人的關愛、讓自己的欲求獲得滿足、知道身邊永遠有人會溫柔對待自己。

感覺自己受他人關愛，就能養成對他人的信賴及「跟別人一起生活的能力」。這是全世界通用的成長起點。

小嬰兒漸漸長大，開始注意到「自我」的存在，這才發現世界上有「自己以外的人」，學著去體會對方的心情。

接下來的教養方式，則會依國家或文化而有所不同，這也影響了孩子與他人的關係。

從互相依賴，到攜手並進

我曾經在牛津大學課堂上的討論時間，以「人」這個漢字的起源做報告。美國同學提出一個看似平常的意見，卻帶給我新的啓發。

她說，「人」的字形像兩個人互相扶持，對稱的感覺雖然很美，但是兩邊靠得太近。

美國人崇尚獨立的文化背景，對於「互相依賴」的漢字說法，似乎不以爲然。「人」的字形顯示雙方都不夠獨立，如果一邊倒下來，另一邊也會跟著倒。結果「豈不是兩邊都把倒下來的責任推給對方」？

在全球化的社會裡，獨立的人之間要以什麼形式相處呢？我想到「共生」的「共」這個字。

「共」的字形像是兩個人伸出手來，合力抬起一個東西，代表「攜手並進」的意思。不是「互相依靠」，而是同心協力，達到共同的目標。

我們要如何培養孩子這種能力呢？

想讓孩子自立，就要「保留空間」

孩子長到一歲半之後，會開始清楚意識到自己。「這是我的」「我要你幫我」，與家人或朋友也會發生衝突。

孩子必須費勁傳達自己的心情，不能得到滿足時，就會生氣或不滿。所以我們要先認同孩子已經開始有主見了。

接著更重要的是，大人不能任憑孩子予取予求。

「共」這個字的中央有一個空間，代表一個獨立的人即使與別人合作，也會保持一定的空間。

「保留空間」就是「放牛吃草」的意思。所謂「放牛吃草」，是讓孩子自覺對方的想法和自己的處境狀態，大人要靜靜守候，等待孩子自己冷靜下來。

如果孩子撒嬌說「幫我整理」，大人也不能一手包辦。「幫他做」不如「教他做」，把該知道的告訴他，然後讓他自己完成。

如果孩子因爲做不好而鬧脾氣，大人也只能靜靜看著。重複這樣的經驗，孩子就能建立人際關係中的「空間」。大人全部幫他做好的話，等於剝奪他「建立空間的機會」。

可能有讀者發現，我在本書的日文版本中提到「孩子」時，沒有採用日本政府等一般公文使用的漢字「子供」。

因爲我不想將「供」這個字的「附屬」意思用在孩子身上。如果是「共」就還好，「供」就有一點把孩子當成「大人的附屬品」的意味。

孩子和父母，雙方舉起手組成一個「共」字，這樣的姿態，不管從哪裡施加壓力，都不會倒下來。

每個人都要自立，如果有一邊快要倒了，另一邊還可以用力撐住。

「共」這個字，代表的就是全球化時代中獨立的人互相支持的姿態吧。

結語

讓人生圓滿的大能力

二〇一一年三月十一日發生了東日本大地震，嚴重的災害帶走了許多寶貴的生命。

那年夏天，我到歐洲參加學術研討會，主辦人在開幕式中特別發表了追悼談話。

「即使發生大地震，日本人還是能保持冷靜、遵守秩序、互助合作。我們歐洲人對日本人這樣的精神表示尊敬，也應該要學習。」之後全場默哀致敬。

在休息時間，有一位國外學者對我說：「如果我的國家發生像日本這樣的災害，肯定造成全國恐慌，可能還會引起暴動或搶劫。」

日本人最能向全世界自誇的能力，就是不畏挫折的「耐受力」。

日本這塊土地自古以來遭受過不知多少次的自然災害，而日本人仍能在艱困的境遇之中，培養出堅忍過人的能力，已獲得全世界公認。

本書提出了世界通用的育兒知識和技巧，分別是「洞察力」「溝通力」、「領導力」「創造力」「包容力」這五項，從牛津大學的教育理念、教育心理學等學術理論，以及我自己的許多親身經歷來介紹。

以日本人特有的「耐受力」爲基礎，再加上前述的五項能力，培育出能夠領導全球化社會的人物，是我撰寫本書的初衷。

「我希望孩子成爲有用的人，但這樣的教養方式好嗎？」

每個做父母的都有同樣的擔憂。教養孩子有煩惱不完的事，有兩個孩子的我也不例外。

牛津大學的教育理念正是培育學生「自由的個性」，讓它開花結果。

每個孩子的個性不同，但以現在日本的教育，卻很難讓孩子適性揚才。希望本書能夠爲「自由個性」的養成提供一點助力。

我現在任職於東京外國語大學，有來自世界各地的留學生和日籍學生同在一個教室裡學習。起初面對留學生，日本學生什麼都不敢反駁，但仍在每天的學習中漸漸成長。看到他們現在能以對等的姿態跟外國人討論自己的觀點，令我甚感欣慰。

藉著本書的出版，我要感謝朝日新聞出版的佐藤聖一。這是他與我合作的第二本書，感謝他給我許多建議和鼓勵，我才能完成。第一本書也翻譯成其他語言，在國外出版，還舉辦過多場相關演講，有興趣的讀者可以來函至東外大與我連繫。

本書執筆時，我想起養育我長大的家庭。嚴格又慈祥的祖父母、讓孩子自由發展的雙親、兩個姊姊、還有我的雙胞胎弟弟加上我，總共八個人的大家庭。每天都有開朗笑聲的幸福家庭，造就了今天的我。

最後我要感謝我的妻子奈緒美。從牛津大學留學時期，她就一路支持著我。當我們回到無依無靠的東京定居時，她在教養孩子的過程中縱有許多不安，卻總能時而開朗、時而嚴格地與孩子們溝通，我要藉由這個機會對她表示謝意。

如果以「五片葉子」來比喻人生中遇到的重要人物，第一片葉子是生我、養育我的父母，第二片是身邊的家人，第三片是珍貴的朋友，第四片是教導我的老師。

而第五片，是肩負未來的下一代年輕人。

長滿這五片葉子的花，人生才會更加圓滿。

岡田昭人

Eurasian Publishing Group
圓神出版事業機構
用心與你對話 · 網野無限寬廣
先覺出版社
Prophet Press
www.booklife.com.tw reader@mail.eurasian.com.tw
人文思潮 134

世界第一牛津式教養法：教出有自由個性與關鍵5力的孩子

作　　者／岡田昭人
譯　　者／蔡昭儀
發 行 人／簡志忠
出 版 者／先覺出版股份有限公司
地　　址／台北市南京東路四段50號6樓之1
電　　話／（02）2579-6600 · 2579-8800 · 2570-3939
傳　　真／（02）2579-0338 · 2577-3220 · 2570-3636
總 編 輯／陳秋月
主　　編／簡　瑜
責任編輯／陳孟君
校　　對／簡　瑜 · 陳孟君
美術編輯／林雅錚
行銷企畫／詹怡慧 · 徐緯程
印務統籌／劉鳳剛 · 高榮祥
監　　印／高榮祥
排　　版／陳采淇
經 銷 商／叩應股份有限公司
郵撥帳號／ 18707239
法律顧問／圓神出版事業機構法律顧問　蕭雄淋律師
印　　刷／祥峰印刷廠
2019年1月　初版

定價 310 元　ISBN 978-986-134-334-1

打開孩子「沒有人知道的窗户」，也就是拓展未來的可能性。所以我們要讓孩子從小與不同的人交流，接觸各種事物。

牛津的教育理念正是讓人們探索自己心中那扇未知的窗户，引導他們打開那扇窗，讓每個人培育自己「自由的個性」。

——《世界第一牛津式教養法》

國家圖書館出版品預行編目資料

世界第一牛津式教養法：教出有自由個性與關鍵5力的孩子／岡田昭人著；蔡昭儀 譯. -- 初版. -- 臺北市：先覺，2019.1
288面；14.8×20.8公分. --（人文思潮；134）
譯自：オックスフォード式 超一流の育て方（平裝）
ISBN 978-986-134-334-1（平裝）

1.他國教育 2.親職教養

528.2 107020898